Arbeitsblätter

Konzentrationsübungen 7./8. Schuljahr

77 Arbeitsblätter

mit Denk-, Sprach-, Seh- und Zählübungen

von

Horst Stephan

Ernst Klett Schulbuchverlag Leipzig

Leipzig Stuttgart Düsseldorf

1. Auflage A 1 5 4 3 2 1 | 2009 2008 2007 2006 2005

Internetadresse: http://www.klett.de

Redaktion: Dr. Hans-Christoph Pleßke, Leipzig
Autor: Horst Stephan

Satz: Oberberg · Seyde & Partner, Leipzig
Herstellung: Karena Klepel
Druck: Druckhaus Götz GmbH, Ludwigsburg

Printed in Germany

ISBN 3-12-927945-8

ISBN 3-12-927945-8
9 783129 279458

Konzentration

Konzentration ist die Fähigkeit, eine klar gestellte Aufgabe über einen bestimmten Zeitraum exakt (sorgfältig) auszuführen. Anders gesagt: Konzentration ist „gesteigerte Aufmerksamkeit" und insofern mit einem Brennpunkt vergleichbar, in dem sich die Lichtstrahlen bündeln. Konzentration gelingt, wenn ein ausgesprochenes Interesse (Antrieb, Motivation) an einer Sache oder Handlung vorhanden ist. Konzentration ist nötig, um Informationen aufzunehmen, zu verarbeiten und wiederzugeben.

Konzentrationsschwächen

Konzentrationsschwierigkeiten und -störungen sind ein schulisch belastendes Problem: Die Schülerinnen und Schüler sind „zerstreut", „nicht bei der Sache"; sie sind ablenkbar, unruhig und desinteressiert. Lernfreude und Leistungsbereitschaft werden vermisst. Dafür gibt es eine Vielzahl ungünstig äußerer, aber auch physisch-psychischer Faktoren. Gezielte Entspannungs- und Aufmerksamkeitsübungen können die Konzentration fördern.

Konzentrationsübungen

Die 77 Arbeitsblätter sind nach fünf Trainingsfeldern gegliedert:

- tempogebundene Übungen (A1–A15)
- wort- und textgebundene Übungen (A16–A33)
- anschauungsgebundene Übungen (A34–A51)
- analogiegebundene Übungen (A52–A61)
- logisch analytischgebundene Übungen (A62–A77)

Die Materialsammlung beruht auf keinem speziellen Programm für schulisches Konzentrations-Training. Vorgelegt wird eine Zusammenstellung von Übungen für das 7. und 8. Schuljahr. Die Grenzen zwischen den Aufgabenfeldern sind fließend. Die Konzentrationsaufgaben verbindet, dass sie spiel- und wissensorientiert und vielfältig einsetzbar sind.

Tempogebundene Übungen verlangen ein hohes Maß an Konzentration, denn die gestellten Aufgaben sind in einem klar definierten Zeitraum zu bewältigen.

Wort- und textgebundene Übungen sind Sprachspiele mit kognitivem Anspruch. Die Übungen fördern konzentriertes Sehen, Erkennen, Einprägen und Schreiben. Auch Lese- und Rechtschreibekompetenz sowie Textverständnis werden dabei trainiert.

Anschauungsgebundene Übungen stützen sich auf optisch orientierte Elemente, Symbole und Zeichen. Diese Aufgaben schulen visuelle Wahrnehmung, die oft mit Zähl- und Merkfähigkeit verknüpft sind.

Analogiegebundene Übungen gehören in den Bereich logischen Denkens. Sie fördern das Erkennen von Wortformen, die nicht nach Sprachregeln, sondern Mustern wie Ähnlichkeit, Entsprechung und Beziehung(en) aufgebaut sind.

Logisch analytischgebundene Übungen unterstützen Begriffsbildung und Begriffsdefinition. Dazu zählt besonders der Umgang mit Unter- und Oberbegriffen. Entsprechende Aufgaben schulen die Fähigkeit: Einblicke in Begriffs- und Ordnungssysteme zu nehmen, zwischen Begriffsklassen und Sätzen zu unterscheiden und Schlussfolgerungen zu ziehen.

Übungsanlässe

Die Trainingsfelder eignen sich für **situatives** sowie **systematisches** Üben. Situatives Konzentrationstraining kann als Differenzierungsmaßnahme im Förderunterricht und beispielsweise in Vertretungsstunden stattfinden. Auch in Lernsituationen, die durch eine gespannte emotionale Atmosphäre, Desinteresse und Leistungsabfall gekennzeichnet sind, können solche Übungen hilfreich sein. Systematisches Konzentrationstraining bedeutet geduldiges und regelmäßiges Üben. Optimal hierfür sind Übungsphasen von täglich 10 bis 15 Minuten und dies über eine Mindestdauer von zwei oder drei Monaten. Bei beiden Übungsarten ist es wichtig:

- die Übungsformen zu variieren,
- Unter- und Überforderung zu vermeiden,
- durch ein Punktsystem erbrachte Leistung zu belohnen,
- eine Anschlussübung mit motivierendem und entspannendem Effekt anzubieten.

Hier siehst du einen Kasten mit 120 Buchstaben, aus denen die 6-buchstabigen Wörter (1–20) bestehen. Kontrolliere, ob dafür im Kasten alle Buchstaben vorhanden sind. Sieh dir dazu das Beispiel an und beachte, dass kein Buchstabe übrig bleiben darf.

S	D	Z	E	L	G
F	E	T	R	B	S
E	~~W~~	L	D	E	H
C	F	S	H	~~A~~	C
H	I	E	T	Z	E
L	D	U	E	C	T
H	M	~~S~~	L	R	M
W	T	A	A	D	E
I	E	U	C	K	T
L	T	E	I	G	M
K	~~S~~	S	~~E~~	S	~~R~~
W	G	U	H	A	K
S	H	I	E	M	P
C	E	N	O	K	N
E	C	F	H	A	U
K	S	I	F	R	I
C	I	E	R	E	G
E	A	N	K	K	N
S	O	L	E	G	N
R	S	N	R	I	L

Wasser
Gewinn
Zucker
Himmel
Schnee
Montag
Deckel
Kaiser
Kosten
Kinder
Schiff
Wimpel
Flagge
Geduld
Steuer
Schatz
Herbst
Schlaf
Schule
Kritik

Von maximal 30 Punkten subtrahiere für jeden nicht zugeordneten Buchstaben 1 Punkt.	Punkte:

Jede dieser 22 Reihen setzt sich aus den Buchstaben zusammen, aus denen die Wörter (rechts) bestehen. Allerdings bleiben in jeder Reihe 3 Buchstaben übrig. Schreibe sie in die Klammern.

1.	GNHCSPIEHRFAHZFFTRI	(G P Z)	Rheinschifffahrt
2.	KKAOCCHSLSNETSMU	( )	Schmuckkasten
3.	NMNAAAUMIKCGDHRO	( )	Mundharmonika
4.	FAFBFMMETALAPUSU	( )	Auspuffflamme
5.	SSUAASREEAOFFTFLWCHS	( )	Sauerstoffflasche
6.	PPROZERKEAIERPKELLP	( )	Krepppapierrolle
7.	CMOXEFEERSPPURETHT	( )	Computerexperte
8.	RERTPRSSEVHUFOBTGL	( )	Pressluftbohrer
9.	SSASHCIIBJMUBNEDLELW	( )	Schnellimbissbude
10.	RETOSEHROOUOCZZ	( )	Zooorchester
11.	BNEERCHREOLLEEWE	( )	Wellenbrecher
12.	TAFBDGKLESTENREIEDKA	( )	Tafelkreidekasten
13.	NMNNFLAEKCEAAABN	( )	Bananenflanke
14.	THOBAARMMNLAFUX	( )	Marathonlauf
15.	DDGPBULVCUINYREP	( )	Puddingpulver
16.	RREPATYIGBAWAHII	( )	Hawaiigitarre
17.	SMEIORETSPEGOLUAAH	( )	Hausmeisterloge
18.	ERDRESSZEMNNEBEBT	( )	Erdbebenmesser
19.	MNMGNUTDHCIARLSEHI	( )	Himmelsrichtung
20.	FRERASSTSIMMOKGHESN	( )	Fernsehkommissar
21.	WWETTERSNOENNBPNIDNE	( )	Wintersonnenwende
22.	ÄOLEGCOSSTOOMONDEKR	( )	Motocrossgelände

Für jede richtig gelöste Buchstabensuche gibt es 1 Punkt.	Punkte:

Dieses Gitter besteht aus 75 Silben. Setze sie zu 25 Wörtern bestehend aus jeweils drei Silben zusammen. Beginne mit der Silbe 1 und hänge die Silben 2 und 3 an. Dann füge an Silbe 4 die Silben 5 und 6 an usw. Die gefundenen Wörter notiere wie im Beispiel rechts in den Leerzeilen.

1 **LE-**	24 TI	22 SPA-	34 E-	12 LIK
28 DIS-	19 MI-	37 ME-	25 PUB-	40 MI-
35 XEMP-	49 KA-	7 BIO-	52 POR-	16 ANT-
4 RE-	55 PO-	44 NE-	58 RE-	53 TU-
46 GE-	32 RO-	61 THE-	14 BLO-	50 PI-
10 KA-	64 PA-	2 **XI-**	63 TER	29 ZI-
41 LI-	26 LI-	67 PAS-	39 FON-	56 LI-
8 LO-	68 TO-	5 PUB-	70 KA-	15 NE
23 GHET-	73 KON-	30 PLIN	43 MI-	71 RO
20 GRÄ-	11 THO-	47 NE-	75 TOR	18 TIS
38 GA-	45 RAL	66 GRAF	3 **KON**	69 RIN
59 KLA-	17 ARK-	74 DI-	31 MIK-	65 RA
6 LIK	72 ASS	54 GAL	9 GIE	57 TIK
51 TEL	27 KUM	62 A-	60 ME	48 RAL
13 SCHA-	42 ON	33 FON	21 NE	36 LAR

1. Le-xi-kon
2. ______
3. ______
4. ______
5. ______
6. ______
7. ______
8. ______
9. ______
10. ______
11. ______
12. ______
13. ______
14. ______
15. ______
16. ______
17. ______
18. ______
19. ______
20. ______
21. ______
22. ______
23. ______
24. ______
25. ______

Für jedes richtig zusammengesetzte Wort gibt es 2 Punkte. Punkte:

Tausche in den Wörtern (1–48) die Vokale „a, e, i, o, u“ so aus, dass jeweils ein neues Wort entsteht. Sieh dir dazu das Beispiel an und beachte, dass es manchmal mehrere Lösungen (Nomen) gibt.

1. Reim Raum
2. Rind ______
3. Buch ______
4. Lust ______
5. Mast ______
6. Harn ______
7. Mahl ______
8. Gold ______
9. Zehn ______
10. Wucht ______
11. Ohr ______
12. Hof ______
13. Wand ______
14. Schatz ______
15. Fall ______
16. Groll ______
17. Ost ______
18. Sitz ______
19. Bass ______
20. Spurt ______
21. Trott ______
22. Schloss ______
23. Hand ______
24. Art ______
25. Mond ______
26. Schicht ______
27. Stuhl ______
28. Stepp ______
29. Blei ______
30. Nut ______
31. Rahm ______
32. Frust ______
33. Schild ______
34. Hohn ______
35. Grind ______
36. Brut ______
37. Boot ______
38. Saal ______
39. Fete ______
40. Tour ______
41. Sau ______
42. Horn ______
43. Reich ______
44. Tau ______
45. Mais ______
46. Meer ______
47. Laub ______
48. Motor ______

Für jedes neu gebildete Wort gibt es 1 Punkt. Punkte: ______

Dieses Feld besteht aus den Buchstaben K, A, R und O. Zusammengesetzt entsteht das Wort KARO (eine Spielkartenfarbe). Wie oft ist das genannte Wort in jeder Reihe versteckt? Beachte aber, dass es immer rückwärts geschrieben ist.

1.	R	O	K	O	R	A	K	A	K	O	R	R	O	O	R	A	K	
2.	O	R	A	K	O	R	R	O	K	O	R	A	K	K	O	A	R	
3.	K	R	O	A	K	O	R	A	K	R	K	O	K	A	R	R	O	
4.	R	O	R	K	R	O	K	K	O	R	A	K	R	O	R	A	K	
5.	A	O	R	A	K	O	K	R	R	O	K	A	O	A	O	K	R	
6.	O	A	R	K	A	**O**	**R**	**A**	**K**	K	O	O	A	O	R	A	K	2 x
7.	K	O	A	A	R	O	K	O	R	A	K	R	O	A	K	K	O	
8.	K	O	R	A	K	A	O	A	O	K	K	R	O	R	O	R	A	
9.	A	R	O	R	R	K	O	A	K	O	A	R	R	O	R	A	K	
10.	K	R	A	O	K	O	R	A	K	A	K	O	O	A	K	R	A	
11.	A	O	R	A	K	A	K	O	K	O	A	O	R	A	K	O	K	
12.	K	O	R	R	K	O	O	R	A	K	A	R	K	O	R	R	A	
13.	O	R	A	K	R	A	K	A	O	R	O	R	A	K	O	K	O	
14.	A	O	O	R	A	K	O	A	O	A	R	O	K	O	A	O	R	
15.	A	O	O	R	K	R	A	O	R	A	K	R	O	A	O	A	K	
16.	O	R	A	K	O	R	R	K	O	A	R	K	A	O	K	R	O	
17.	R	A	O	K	R	O	R	A	K	O	K	R	O	O	R	A	K	
18.	O	A	K	O	R	A	O	R	A	O	R	A	K	A	R	O	A	
19.	A	K	O	R	A	K	A	K	O	O	K	A	O	O	A	K	K	
20.	O	R	A	K	O	A	O	R	O	R	A	K	O	K	R	A	O	
21.	A	K	O	O	R	A	K	K	A	O	R	A	O	R	A	K	K	
22.	K	O	A	O	R	K	A	R	O	A	A	R	A	O	K	O	A	
23.	A	O	R	A	K	O	K	R	A	O	R	A	K	O	R	K	A	
24.	O	R	K	A	O	R	O	K	R	A	K	O	R	A	K	K	A	
25.	O	R	A	K	K	O	R	A	K	O	R	A	O	O	R	A	K	
26.	K	O	K	R	O	A	K	O	R	O	R	K	A	K	O	R	K	
27.	K	O	R	A	K	O	R	K	A	O	R	O	K	O	R	K	R	
28.	O	K	O	K	A	R	K	O	R	K	A	R	O	R	A	K	O	
29.	R	R	O	R	A	K	A	A	O	A	O	K	K	R	R	O	A	
30.	O	A	O	A	R	K	R	O	R	A	K	O	R	A	O	K	R	
31.	O	R	A	K	K	O	A	O	K	O	A	O	R	O	K	A	O	
32.	A	O	K	O	R	A	O	A	R	K	O	R	O	R	A	K	A	
33.	K	A	O	R	A	K	A	K	O	R	A	K	R	O	K	A	O	

Lösung: ◯-mal

Für die richtige Lösung gibt es 50 Punkte. Subtrahiere je Fehler 1 Punkt. Punkte:

Markiere in diesem Gitter alle 3-buchstabigen Nomen, die V-förmig angeordnet sind.
Wie viele Wörter findest du? Sieh dir dazu das Beispiel an.

G	R	S	V	A	W	H	T	G	S	T	B	O	G	R	V	W	L	S	T
H	**M**	B	**T**	L	P	U	E	B	C	A	V	U	L	I	E	T	R	O	X
I	G	**U**	K	N	Z	F	H	A	T	T	O	Y	B	Z	S	P	C	W	M
B	C	D	F	R	A	D	L	K	R	T	E	I	H	U	F	H	U	B	P
R	G	F	E	L	A	J	B	Z	O	N	G	H	L	M	N	B	X	B	U
A	U	P	H	V	T	Q	S	R	A	S	S	Z	U	B	R	A	O	U	T
X	Z	Y	W	W	T	G	S	A	B	S	Z	I	G	H	B	R	C	M	I
T	J	G	T	S	E	B	T	A	R	K	N	E	D	B	R	O	H	U	R
M	A	Z	J	K	M	O	A	T	T	Z	L	S	S	E	T	E	L	N	P
H	U	R	T	S	B	J	D	S	Z	O	K	O	N	M	T	U	R	B	I
B	A	C	L	P	B	G	H	A	B	I	N	O	S	R	L	T	S	A	L
A	T	A	Z	C	L	A	B	G	N	I	T	W	R	X	A	Y	N	O	A
C	A	T	U	V	A	O	T	M	N	O	L	M	N	A	H	E	G	A	T
A	B	T	I	N	J	Z	E	B	H	A	X	P	O	S	T	E	N	U	H
A	Z	R	O	U	A	E	G	H	E	E	S	T	A	S	B	L	A	Z	E
V	G	H	A	I	H	B	F	T	Z	I	P	C	R	Y	W	D	D	T	G
S	C	U	N	H	T	O	L	G	V	R	N	H	O	T	P	O	A	A	M
T	A	G	L	P	I	Y	A	T	E	T	D	O	U	H	S	T	M	N	O
Z	C	A	G	T	B	R	L	E	A	T	S	G	V	X	Z	U	R	N	A
O	A	T	B	C	O	G	V	C	U	I	M	L	L	J	I	O	T	R	T
A	R	B	T	D	M	A	T	O	G	M	N	A	T	Z	C	D	H	O	A
G	A	F	E	R	I	N	F	A	H	B	J	K	O	P	S	D	R	Ö	A
S	T	U	D	A	L	H	I	T	S	G	D	E	I	Z	A	B	O	D	H
B	S	O	G	H	A	L	R	M	A	I	B	E	R	T	S	F	A	A	P
A	D	C	B	K	O	I	D	L	A	U	D	V	F	R	W	N	J	A	S
O	B	A	R	B	A	O	S	T	U	B	V	R	T	A	U	H	T	O	E
B	P	U	E	G	I	Z	R	E	A	S	A	G	T	A	C	D	A	E	M
J	T	A	S	P	F	A	E	H	U	N	O	H	S	V	T	R	E	E	N
A	B	T	U	G	H	E	S	T	P	N	U	E	U	E	A	Z	T	G	A
O	M	A	I	R	U	D	H	B	A	G	T	U	H	V	D	A	U	D	A
U	P	A	T	E	G	D	O	L	U	A	F	S	R	E	S	Z	O	S	A
S	T	E	R	N	I	H	L	O	O	R	S	D	U	M	S	R	U	T	N
U	E	U	R	T	S	G	H	G	L	S	V	Z	O	B	A	W	T	L	R
E	B	D	Z	Z	E	O	F	F	A	T	U	S	A	B	R	D	A	T	K
R	I	T	B	Z	O	T	D	X	N	U	S	L	A	Z	A	B	G	D	Q
S	O	T	G	A	D	L	P	U	N	O	L	I	G	J	O	A	G	S	R
V	E	A	A	G	H	U	U	E	T	I	P	A	O	L	J	H	A	F	S
S	T	U	L	S	R	E	N	O	K	G	U	M	A	S	T	T	U	R	R
A	B	A	Z	W	A	T	U	S	B	N	H	T	U	T	G	H	F	S	N
S	E	R	E	A	B	H	T	U	D	F	G	K	L	P	E	T	W	R	A

Für jedes richtige markierte „V-Wort“ gibt es 1 Punkt. Punkte:

Im Kasten A sind den Zahlen 1–16 Symbole zugeordnet. In den Kästen B–K sind bei der Zuordnung aber Fehler entstanden. Findest du sie? Streiche sie wie im Beispiel durch.

A

1	2	3	4	5	6	7	8	9	10	11	12	13	14	15	16
□	ν	σ	⬍	✕	⧉	▸	↔	β	▯	▼	τ	/	⊠	9	λ

B

16	8	9	4	11	14	1	2	7	15	10	6	5	3	13	12
λ	✕	β	⬍	▼	⊠	□	ν	▸	9	▯	σ	τ	↔	⧉	/

C

8	13	2	5	9	10	~~3~~	11	~~7~~	1	12	14	6	16	4	15
↔	/	ν	⊠	β	▯	~~▸~~	▼	~~σ~~	□	τ	✕	⧉	λ	⬍	9

D

16	6	7	4	8	15	3	9	10	2	11	5	12	14	13	1
λ	⧉	ν	β	↔	9	σ	□	▯	▸	▼	✕	⬍	⊠	/	τ

E

11	12	9	8	7	13	6	14	5	2	4	1	15	10	3	16
▼	τ	β	↔	▸	/	⧉	⊠	✕	ν	⬍	□	9	▯	σ	λ

F

7	6	12	5	11	10	4	1	3	16	2	9	13	15	14	8
▸	λ	τ	✕	▼	⧉	⬍	□	σ	⊠	ν	β	/	9	▯	↔

G

9	12	8	2	7	11	3	16	4	13	1	5	14	10	15	6
/	τ	β	ν	▸	▼	σ	λ	⬍	9	□	✕	⊠	▯	↔	⧉

H

3	9	10	8	1	11	12	7	16	2	4	15	5	6	13	14
σ	β	▯	τ	□	▼	ν	▸	λ	↔	⬍	9	✕	⧉	/	⊠

I

4	11	9	14	15	10	8	16	12	7	6	13	3	5	1	2
⬍	▼	β	⊠	9	▯	↔	λ	σ	▸	⧉	/	τ	✕	□	ν

J

12	15	16	6	1	5	10	13	2	9	4	3	11	14	8	7
τ	9	λ	/	□	✕	▯	⊠	ν	β	⬍	σ	▼	⧉	↔	▸

K

8	15	9	3	7	1	13	11	5	2	10	16	4	12	6	14
↔	9	β	σ	▸	□	✕	▼	λ	ν	▯	/	⬍	τ	⧉	⊠

Für jede entdeckte falsche Zuordnung gibt es 1 Punkt. Punkte:

Fehlerhafter Plan

In einem Hotel sind die Zimmer nach kleinen und großen Buchstaben von a/A bis t/T benannt. Bei deren Buchung sind viele Zimmer mehrfach belegt worden. Notiere unten in der Tabelle, wie oft jedes Zimmer (Klein- und Großbuchstabe) im Plan vertreten ist. Wie viele Zimmer hat das Hotel?

d	P	K	C	o	B	o	L	E	i	N	D
N	a	s	k	r	h	H	m	T	A	T	c
E	I	f	S	b	Q	t	C	s	j	P	K
c	R	t	l	S	e	F	p	H	f	N	D
O	M	A	s	G	p	a	f	D	G	F	g
d	H	T	m	H	i	E	N	q	H	A	E
n	P	e	N	r	B	l	P	J	p	N	p
B	s	o	S	G	o	R	D	s	b	t	g
k	I	A	E	t	M	h	M	l	I	P	D
F	r	K	s	L	A	r	m	e	O	g	T
p	D	G	P	Q	S	e	J	G	Q	S	B
L	e	R	l	E	i	G	m	t	a	K	T
T	M	f	b	T	N	k	e	H	r	S	E
A	o	I	N	H	d	t	p	C	T	l	i

a	b	c	d	e	f	g	h	i	j	k	l	m	n	o	p	q	r	s	t
					4x														
A	B	C	D	E	F	G	H	I	J	K	L	M	N	O	P	Q	R	S	T

Für jede richtig gezählte Zimmeranzahl wie z. B. a/A erhältst du 3 Punkte. Punkte:

In diesem Gitter kannst du viele Symbolpaare entdecken. Markiere und zähle sie. Wie viele Paare hast du gefunden?

νβ	ΩΩ	/🗗	⬍⬍	⏏🗗	↔↔	//	νν	9◆	νϖ	↔τ	⊠▸	ττ	🗗▸
υυ	Ω⬍	ββ	ωϖ	⏏⏏	Ωω	□⬍	□ω	□⏏	<<	ν<	▸⏏	<⊠	⊠↔
□⏏	⬍σ	□Ω	🗗🗗	τΩ	□□	⊠ϖ	ω ω	<ν	↔↔	ω ω	□✕	τ⊠	ββ
ν⏏	<τ	⬍ν	νν	/9	<<	⏏⏏	ΩΩ	β□	□⬍	σ▸	▸▸	/β	↔ϖ
□□	<9	ββ	σσ	⏏υ	□◆	⊠β	9Ω	□⬍	ν⬍	□υ	ττ	//	🗗🗗
□□	ω ω	□ν	τσ	✕✕	◆▸	<ω	β9	✕✕	ωβ	□β	⏏▸	◆◆	ββ
⏏ω	□ω	◆◆	<λ	<<	ωυ	βσ	σβ	□□	◆◆	⏏⏏	⬍⬍	Ω<	σσ
<β	υυ	λ◆	νν	□υ	⏏□	□β	λσ	□◆	<<	⏏ν	<<	⏏<	<<
λ<	<<	<τ	⊠λ	□υ	🗗ϖ	▸ϖ	□⊠	⊠⊠	β<	⬍⬍	◆λ	✕σ	<β
β β	ττ	<<	<□	□<	σ□	ν<	🗗ϖ	<ω	◆◆	✕ν	τΩ	ωΩ	⏏ϖ
◆◆	τβ	▸ν	□◆	υυ	✕✕	<<	Ω9	ΩΩ	□✕	νν	σσ	ΩΩ	□⏏
🗗◆	ββ	◆◆	<⬍	⏏⏏	τ9	βτ	⬍⬍	⏏⏏	⊠υ	τν	◆λ	□υ	νυ
ν<	🗗▸	🗗🗗	<ω	λλ	9▸	σλ	<σ	λλ	υυ	◆✕	⬍⬍	ω ω	<<
▸λ	ωυ	□□	🗗🗗	⊠λ	□σ	σβ	λ<	ν⬍	□□	ω ω	⬍ν	⏏ω	νϖ
⏏◆	◆υ	τυ	νσ	⏏λ	⊠Ω	⬍⬍	□Ω	Ω◆	σ□	<<	⏏⏏	▸ϖ	□λ
⏏⏏	⬍⬍	β β	β🗗	ΩΩ	9ϖ	▸9	<<	βσ	//	⬍⬍	◆◆	ϖϖ	▸<
🗗υ	↔↔	βτ	σ✕	ϖϖ	□□	9<	⏏<	▸✕	⏏⏏	<⬍	□□	▸Ω	⬍⬍
⏏◆	⏏◆	τ⬍	λ◆	◆◆	⏏Ω	↔↔	⊠<	τ◆	υυ	⏏□	Ω□	βλ	υυ
β◆	/◆	⬍⬍	σ▸	✕σ	□ϖ	□↔□	□□	λυ	▸<	σσ	↔σ	ϖϖ	τλ
ττ	/λ	□↔▸	⊠⊠	λ◆	□λ	🗗9	ϖϖ	◆◆	⬍⬍	9λ	ΩΩ	↔↔	βσ
🗗<	ωυ	◆ω	⏏⊠	▸↔	λΩ	✕9	ΩΩ	□□	🗗ω	νν	<⊠	⊠<	ΩΩ
λ ω	ββ	/◆	↔↔	σσ	<σ	□↔	⊠⊠	▸/	τ◆	ϖσ	λ↔	τ9	ν✕

Lösung: ◯ Symbolpaare

Für jedes entdeckte Symbolpaar gibt es 2 Punkte. Punkte:

A 10 Muster

Hier siehst du 72 Kästen mit verschiedenen Mustern. Präge dir die „Musterkästen" 1–5 ein. Wie oft wiederholen sich diese Muster jeweils in den Kästen 6–72? Notiere unten dein Ergebnis.

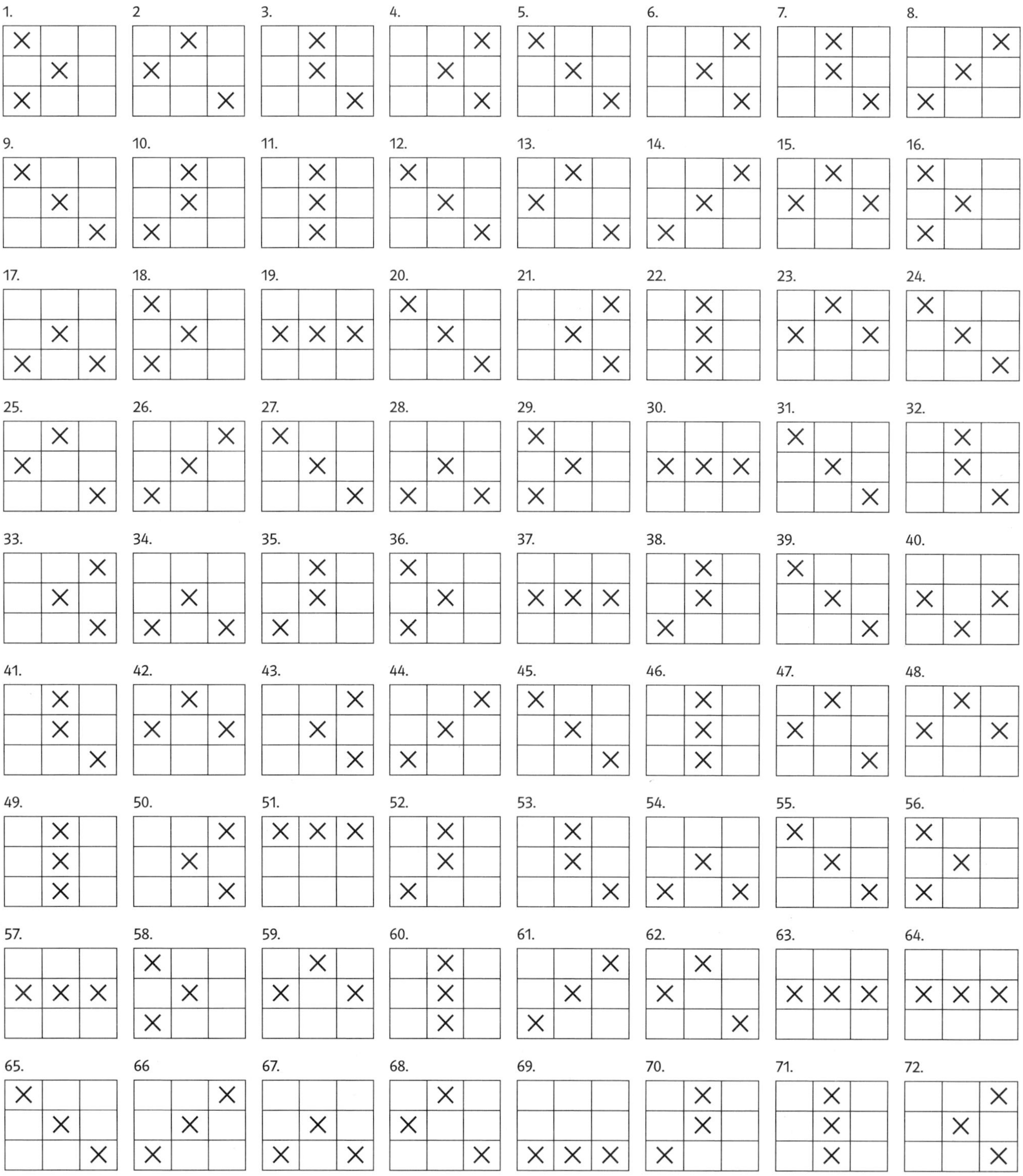

Muster 1 ◯-mal Muster 2 ◯-mal Muster 3 ◯-mal

Muster 4 ◯-mal Muster 5 ◯-mal

Für jedes richtige Ergebnis gibt es 8 Punkte. Punkte:

Schau dir zuerst die sechs Muster („Gesichter“) im Kasten genau an. Wie viele dieser Muster entdeckst du in den Zeichenreihen **A–E**? Streiche sie jeweils durch und schreibe deren Anzahl in die leeren Kreise im Kasten.

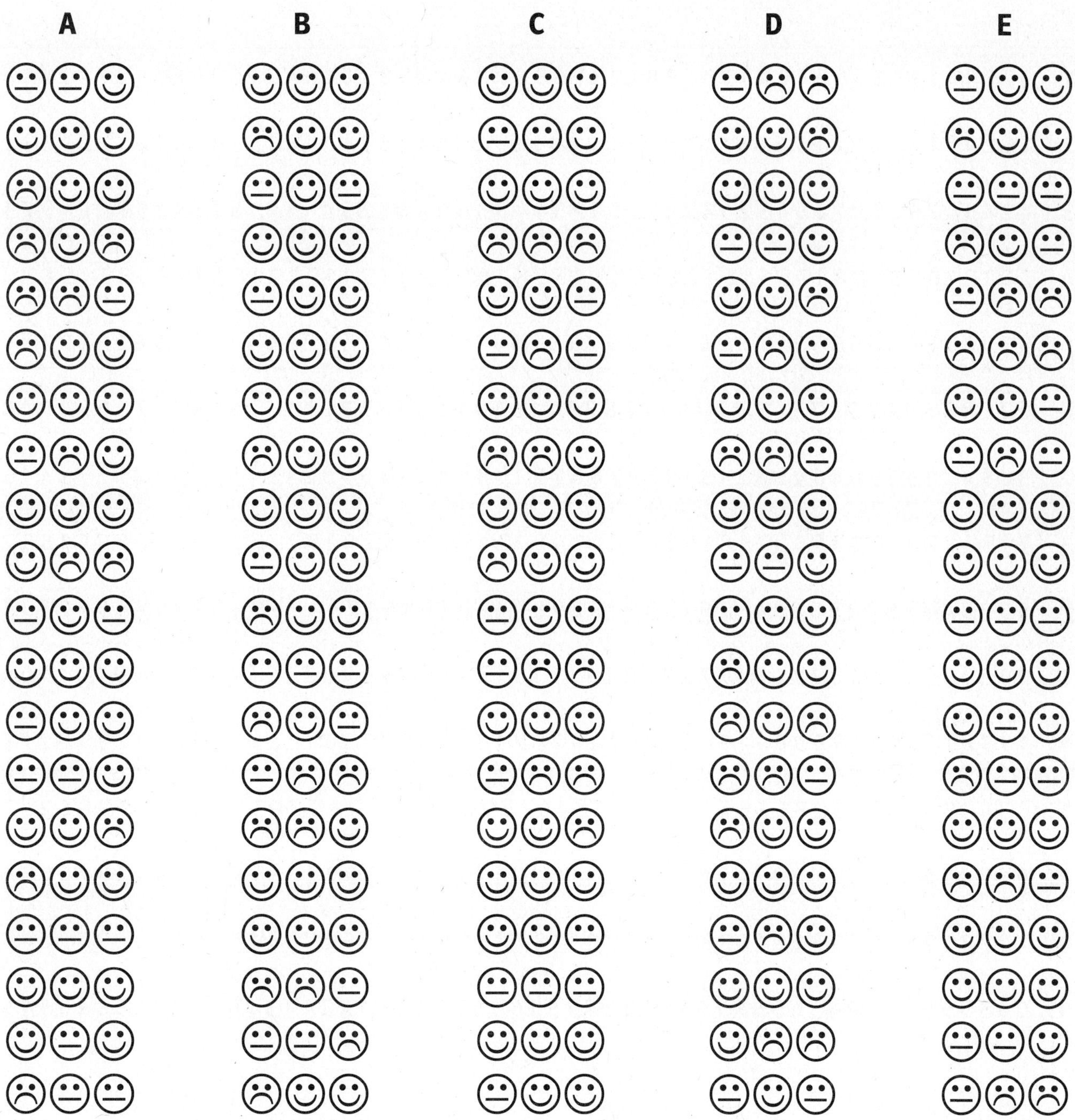

Für jede richtig eingetragene Anzahl von Mustern gibt es 10 Punkte. Punkte:

Zahlenwald

In dem „Zahlenwald“ haben sich die in der Tabelle fett gedruckten Zahlen versteckt. Finde sie heraus und markiere dein Ergebnis jeweils in der Tabelle.

11 =	(1) (2) (3) (4) (5) (6) – mal?
476 =	(1) (2) (3) (4) (5) (6) – mal?
1819 =	(1) (2) (3) (4) (5) (6) – mal?
3413 =	(1) (2) (3) (4) (5) (6) – mal?
5596 =	(1) (2) (3) (4) (5) (6) – mal?
7979 =	(1) (2) (3) (4) (5) (6) – mal?
9898 =	(1) (2) (3) (4) (5) (6) – mal?
10417 =	(1) (2) (3) (4) (5) (6) – mal?

1. 2 7 8 9 1 1 3 4 5 6 9 8 7 0 4 1 3 3 6 9 8 1 2 3 7 6 9 8 9 8 6 4 3 5 8 3 0 1 4 4 7 1 0 2 9 8 4 1 2 7 7 7 8 1 8
2. 1 6 2 4 7 7 3 9 0 2 8 6 7 6 4 5 1 8 1 9 3 6 0 2 4 1 3 6 7 8 1 1 4 1 6 7 4 9 1 8 1 3 1 4 3 4 7 6 1 2 3 9 1 8 8
3. 4 2 1 3 4 7 6 2 3 0 7 6 5 4 3 2 1 3 2 8 7 7 8 1 2 2 1 4 3 3 6 9 9 6 3 2 3 4 1 3 0 1 8 7 6 1 4 5 8 7 6 4 9 7 3
4. 3 0 1 7 1 0 9 5 1 0 4 1 7 8 6 1 8 1 7 6 7 8 8 9 4 7 8 8 7 9 8 9 2 4 3 2 1 1 9 1 2 1 8 8 7 4 8 5 3 7 4 9 8 3 3
5. 5 5 9 6 7 8 9 6 5 6 5 5 9 5 7 8 2 6 1 2 0 7 9 7 9 8 7 6 5 7 9 0 3 4 1 7 6 5 2 6 3 4 1 0 5 5 9 6 1 2 1 2 3 3 4
6. 0 2 3 8 3 8 9 1 2 3 8 7 3 4 3 3 7 2 6 1 7 7 8 7 9 1 1 4 1 0 1 9 8 9 6 7 3 6 7 1 4 7 6 1 8 7 6 7 3 6 2 0 0 1 8
7. 3 0 9 4 2 1 5 5 9 6 1 8 4 5 6 2 1 3 1 9 7 9 7 8 6 7 2 1 9 8 9 8 8 8 4 6 5 3 2 1 3 4 5 1 7 9 7 7 7 2 7 3 4 1 3
8. 7 1 8 3 8 2 4 1 2 8 5 6 3 5 2 1 8 1 9 8 9 8 2 1 3 4 0 1 2 4 7 3 7 9 9 2 0 1 9 2 7 3 6 8 9 6 7 9 8 2 6 1 8 3 2
9. 5 5 9 8 4 0 7 9 7 2 5 0 1 0 4 1 7 6 1 7 0 1 4 3 2 9 8 0 1 0 4 1 0 1 5 1 2 3 4 9 5 9 6 8 9 8 9 8 5 5 9 2 8 7 1
10. 7 9 7 9 9 7 9 7 4 1 8 2 3 6 6 1 7 7 2 8 8 3 1 9 1 7 1 8 1 7 0 4 9 1 5 5 9 6 2 3 9 8 4 7 3 4 1 4 2 1 2 1 1 0 4
11. 1 9 3 8 1 7 7 9 7 8 9 8 9 8 0 1 0 4 1 6 2 4 7 3 4 7 3 7 1 0 4 7 6 8 2 7 3 6 1 8 2 9 2 7 3 6 1 8 7 3 9 0 2 7 3
12. 0 3 4 1 3 1 8 1 3 1 6 9 8 6 7 6 7 1 8 1 9 1 7 1 8 1 6 1 9 0 2 4 5 1 2 7 2 6 5 2 6 5 5 9 6 4 1 0 7 8 8 6 2 5 3
13. 0 6 7 8 2 8 3 9 4 7 6 1 2 3 7 4 7 6 7 9 5 7 6 3 7 6 1 2 1 7 3 4 1 7 1 6 3 7 2 8 3 7 2 6 1 8 9 1 2 8 7 6 5 3 4
14. 7 9 7 8 1 9 8 7 8 7 3 7 2 8 1 6 7 8 2 6 3 5 2 6 1 1 8 7 8 3 3 6 7 2 6 4 9 2 7 3 6 2 7 1 6 2 5 4 6 3 7 2 6 1 5
15. 0 0 5 5 9 6 8 1 9 6 4 5 4 5 3 6 2 5 1 6 2 5 3 7 2 5 1 6 6 4 7 2 4 3 4 1 2 3 4 1 3 1 8 3 8 6 7 4 5 6 2 5 5 1 6

Für jede richtig ermittelte Anzahl gesuchter Zahlen gibt es 3 Punkte.	Punkte:

In den 20 Reihen gibt es viele 3-ziffrige Zahlen mit der Quersumme 17 (z. B. 467→ 4+6+7=17). Streiche möglichst schnell die Zahlen mit der Quersumme 17 durch. Wie viele Zahlen hast du gefunden? Notiere sie rechts.

	A	B	C	D	E	F	G	H	
1.	916	824	917	356	454	488	176	891	______
2.	928	494	178	748	197	884	647	395	______
3.	374	472	485	657	791	821	935	127	______
4.	189	139	189	188	615	245	423	917	______
5.	177	962	981	289	379	287	123	566	______
6.	182	592	917	646	737	936	649	138	______
7.	345	139	675	287	824	449	746	198	______
8.	196	377	708	847	544	576	781	881	______
9.	288	378	863	853	926	199	748	953	______
10.	665	479	359	379	904	937	674	736	______
11.	147	258	873	494	853	637	497	627	______
12.	553	647	851	158	368	475	556	557	______
13.	264	655	246	319	829	873	239	558	______
14.	647	549	486	458	709	274	584	266	______
15.	838	818	298	118	278	387	648	283	______
16.	337	449	667	982	585	279	575	198	______
17.	660	748	827	738	782	288	159	683	______
18.	475	184	289	981	279	547	298	378	______
19.	782	291	334	872	923	378	684	189	______
20.	137	745	287	453	755	428	386	944	______

insgesamt: ☐

Für jede richtig ermittelte Quersumme gibt es 2 Punkte. Punkte:

A 14 Additionen

Hier siehst du ein Wirrwarr von Zahlen. Drei von ihnen ergeben immer eine der unten angegebenen 16 Summen. Betrachte dazu das Beispiel und versuche, dass bei der Lösung möglichst wenig Summanden übrig bleiben.

3   11   2   ~~1~~   92   6

14   ~~15~~   16   3   5   16   32   14

20   28   8   13   7   55

19   34   20   1   13   12   95   22   23   ~~9~~   11   7

16   26   3   60   4   10   31

5   24   13   71   29   83   2   4   2   1

1. 1 + 9 + 15 = 25
2. ______ + ______ + ______ = 30
3. ______ + ______ + ______ = 35
4. ______ + ______ + ______ = 40
5. ______ + ______ + ______ = 45
6. ______ + ______ + ______ = 50
7. ______ + ______ + ______ = 55
8. ______ + ______ + ______ = 60
9. ______ + ______ + ______ = 65
10. ______ + ______ + ______ = 70
11. ______ + ______ + ______ = 75
12. ______ + ______ + ______ = 80
13. ______ + ______ + ______ = 85
14. ______ + ______ + ______ = 90
15. ______ + ______ + ______ = 95
16. ______ + ______ + ______ = 100

Für jede richtig ermittelte Addition gibt es 3 Punkte. Punkte:

Wie viele Zahlen sind in diesem großen Gitter durch „2“ oder „3“ teilbar?
Wie viele Zahlen sind in dem Gitter weder durch „2“ noch durch „3“ teilbar?
Wie viele Felder bleiben frei?

8		15		13		98		7	16
	52		4		11			21	
		53		82		16			69
34			10		13		51		36
	40	29		39			5		
			76			87		91	
	86			14			9		64
92			31			89		94	
	19			43		22			17
83		74			45		50	27	
		26	63		70	97		35	
	93			23			38		41
		80			37	57		65	
44	49			28					10
		33			81			95	
	68			59		88			
		77	73				99		42
32					61			46	

Lösung:

◯ Zahlen sind durch „2“ teilbar.

◯ Zahlen sind durch „3“ teilbar.

◯ Zahlen sind weder durch „2“ oder durch „3“ teilbar.

◯ Felder bleiben frei.

Für jede richtige Lösung gibt es 10 Punkte. Punkte:

Richtige Reihenfolge

Die Silben der Wörter sind hier durcheinander geraten. Bringe sie in die richtige Reihenfolge und schreibe die Wörter in dein Heft.

	2	4	1	3
1.	BES	MER	LIE	KUM
2.	VO	KÄ	GEL	FIG
3.	PLAS	BEU	TIK	TEL
4.	BON	SAH	BON	NE
5.	SCHA	DEN	TOR	MO
6.	DING	SCHA	PUD	LE
7.	LAM	NAL	SIG	PE
8.	KEL	RÜ	BE	RUN
9.	SUP	NU	DEL	PE
10.	MÖ	FA	BRIK	BEL
11.	DER	PU	SE	DO
12.	GEN	ZEU	GE	AU
13.	VALS	ZUG	KAR	NE
14.	TOR	HAU	MO	BE
15.	MON	TAG	TER	OS
16.	GAR	KIN	TEN	DER
17.	TUNG	ZEI	GES	TA
18.	SCHO	DE	KO	LA
19.	VEN	LI	ÖL	O
20.	STAP	GA	LER	BEL
21.	BE	STECK	FEL	TA
22.	KAR	FELN	TOF	SALZ
23.	POLS	SES	TER	SEL
24.	AF	KÄ	FEN	FIG
25.	SCHI	KEHR	MA	NE
26.	KÜ	BLU	BEL	MEN
27.	CHEN	ZEI	KLIN	GEL
28.	STECK	SIL	BER	BE
29.	CKER	SE	ZU	DO
30.	UM	PE	LE	TRO
31.	RA	MA	PA	NO
32.	MEN	BLU	SE	VA
33.	EI	STAN	SEN	GE
34.	MER	WAS	EI	SER
35.	FEN	O	BAU	ER
36.	JAM	KAT	ZEN	MER
37.	ZIM	TEL	HO	MER
38.	PU	SPIEL	COM	TER
39.	NUM	HAN	DY	MER
40.	GRA	LA	TION	TU

Für jedes richtig geordnete Wort gibt es 1 Punkt. Punkte:

Anagramme sind Wörter, deren Buchstaben oder Silben du so umstellen kannst, dass ein anderes Wort entsteht. So entsteht z. B aus „lies (!)“ das Nomen „Seil“. Verwandle folgende Wörter wie im Beispiel.

1. REH → ___ ___ ___
2. TAL → ___ ___ ___
3. NOT → ___ ___ ___
4. OHR → roh
5. EID → ___ ___ ___
6. EIS → ___ ___ ___
7. STAR → ___ ___ ___ ___
8. LIST → ___ ___ ___ ___
9. BLEI → ___ ___ ___ ___
10. LAUB → ___ ___ ___ ___
11. REIF → ___ ___ ___ ___
12. BAST → ___ ___ ___ ___
13. ERDE → ___ ___ ___ ___
14. BEIL → ___ ___ ___ ___
15. LEID → ___ ___ ___ ___
16. SARG → ___ ___ ___ ___
17. MAHL → ___ ___ ___ ___
18. LAUF → ___ ___ ___ ___
19. SAUM → ___ ___ ___ ___
20. DEMO → ___ ___ ___ ___
21. LAGE → ___ ___ ___ ___
22. EHRE → ___ ___ ___ ___
23. SCHAR → ___ ___ ___ ___ ___
24. NEBEL → ___ ___ ___ ___ ___
25. EIFER → ___ ___ ___ ___ ___
26. LACHS → ___ ___ ___ ___ ___
27. WEISE → ___ ___ ___ ___ ___
28. RENTE → ___ ___ ___ ___ ___
29. LAMPE → ___ ___ ___ ___ ___
30. REISE → ___ ___ ___ ___ ___
31. ASCHE → ___ ___ ___ ___ ___
32. BELAG → ___ ___ ___ ___ ___
33. SCHUB → ___ ___ ___ ___ ___
34. ARCHE → ___ ___ ___ ___ ___
35. BEINE → ___ ___ ___ ___ ___
36. MEIER → ___ ___ ___ ___ ___
37. LAGER → ___ ___ ___ ___ ___
38. GEISEL → ___ ___ ___ ___ ___ ___
39. NESTER → ___ ___ ___ ___ ___ ___
40. BELGIEN → ___ ___ ___ ___ ___ ___ ___

Für jedes richtig gefundene Anagramm gibt es 2 Punkte.	Punkte:

A 18 Brückenwörter

Gesucht wird jeweils ein „Brückenwort" (1–25), das sich sowohl mit dem linken als auch dem rechten Ausdruck zu einem neuen, zusammengesetzten Wort verbinden lässt. So entstehen beim 1. Beispiel die Wörter „Kleiderschrank" und „Schranktür".

1. Kleider	Schrank	Tür
2. Rad	______	Flucht
3. Dach	______	Stein
4. Bauch	______	Schnur
5. Welt	______	Schreiber
6. Finger	______	Kampf
7. Schluss	______	Wahl
8. Sand	______	Zeiger
9. Kleider	______	Brett
10. Druck	______	Loch
11. Haus	______	Rahmen
12. Sicht	______	Helm
13. Dach	______	Bein
14. Lauf	______	Sohle
15. Büro	______	Stück
16. Taschen	______	Stahl
17. Mond	______	Werfer
18. Scherz	______	Bogen
19. Spiel	______	Karte
20. Zauber	______	Film
21. Wasser	______	Scholle
22. Auto	______	Gleis
23. Regen	______	Ständer
24. Hotel	______	Haus
25. Abschluss	______	Abend

Für jedes richtige Brückenwort gibt es 2 Punkte.	Punkte:

In den Wörterlisten **A–C** haben sich viele Fehler eingeschlichen. Korrigiere die falschen Buchstaben wie in den Beispielen.

A

e
1. Sträusalz
2. Noddienst
3. Jahrzennt
4. Weldmeister
5. Engelkind
6. Papalei
7. Paumrinde
8. Laupwerk
9. Diebeßgut
10. Tulbenfeld
11. Gänguru
12. Tredelmarkt
13. Wannsinn
14. Keimauer
15. Kreisstatt
16. Feilchenduft
17. Drukkertaste
18. Stubsnase
19. Haarsprai
20. Hustenponbon
21. Toelettensitz
22. Triktorrad
23. Wudanfall
24. Schudschluss

B

25. schinpfen
26. grakulieren
27. verstekken
28. unterhatten
29. apbrechen
30. auswehlen
31. furmulieren
32. entteuschen
33. ankloffen
34. lummerieren
35. enddecken
36. krängeln
37. ebblasen
38. ausckalten
39. ausstoßan
40. ausnotzen
41. apschreiben
42. vergürzen
43. fertauschen
44. amkommen
45. eppressen
46. großschleiben
47. emppangen
48. peenden

C

49. beinlich
50. aiskalt
51. hellplond
52. schwerkrang
53. glaßklar
54. nasskald
55. steinbart
56. ahlglatt
57. dengfaul
58. grosspurig
59. himnelblau
60. meisgelb
61. totmüde
62. schmutsig
63. felsenvest
64. gefehrlich

m
65. unangenehn
66. putterweich
67. steinhard
68. klücklich
69. großsügig
70. taupstumm
71. ungewönnlich
72. fellerlos

Für jeden korrigierten Fehler gibt es 1 Punkt.	Punkte:

Wortreste 1

Ergänze in den Wortresten **A–C** jeweils die zu einem Wort fehlenden Buchstaben, in dem du sie davor und auch dahinter einfügst. Beachte, dass es manchmal mehrere Lösungswörter gibt.

	A	B	C
1.	M u t	H os e	T aub e
2.	___ a ___	___ em ___	___ tub ___
3.	___ h ___	___ nt ___	___ rei ___
4.	___ o ___	___ oo ___	___ usi ___
5.	___ h ___	___ se ___	___ ebe ___
6.	___ e ___	___ äs ___	___ nse ___
7.	___ m ___	___ aa ___	___ oge ___
8.	___ p ___	___ er ___	___ oma ___
9.	___ r ___	___ ah ___	___ ate ___
10.	___ s ___	___ ul ___	___ ros ___
11.	___ e ___	___ as ___	___ rmu ___
12.	___ i ___	___ in ___	___ atz ___
13.	___ u ___	___ an ___	___ unk ___
14.	___ a ___	___ al ___	___ ehr ___
15.	___ s ___	___ uc ___	___ lim ___
16.	___ o ___	___ il ___	___ ige ___
17.	___ a ___	___ au ___	___ onn ___
18.	___ o ___	___ un ___	___ ote ___
19.	___ r ___	___ ee ___	___ afe ___
20.	___ ü ___	___ al ___	___ omm ___

Für jeden richtig ergänzten Wortrest gibt es 1 Punkt. Punkte:

Die 44 Wortreste stammen von Adjektiven. In den Klammern dahinter stehen die fehlenden Buchstaben. Setze sie so in die Wortstücke ein, dass jeweils ein richtiges Adjektiv entsteht.

1. lac	(h, f)	flach
2. glt	(t, a)	________
3. lon	(b, d)	________
4. fge	(e, i)	________
5. fals	(h, c)	________
6. risc	(h, f)	________
7. slau	(c, h)	________
8. usti	(g, l)	________
9. biig	(l, l)	________
10. emen	(g, i)	________
11. mag	(r, e)	________
12. einig	(t, s)	________
13. inste	(r, f)	________
14. fro	(m, m)	________
15. wnzg	(i, i)	________
16. eur	(e, t)	________
17. bau	(r, n)	________
18. eiblic	(w, h)	________
19. fsch	(a, l)	________
20. ritig	(h, c)	________
21. aue	(r, s)	________
22. hwer	(c, s)	________
23. klich	(s, t, ö)	________
24. lang	(a, m, s)	________
25. gedul	(i, g, d)	________
26. flei	(ß,i, g)	________
27. une	(k, l, d)	________
28. flüch	(g, i, t)	________
29. lückli	(g, h, c)	________
30. mnlic	(n, ä, h)	________
31. zahlch	(e, i, r)	________
32. mutzig	(c, h, s)	________
33. urig	(r, t, a)	________
34. freundl	(i, c, h)	________
35. merksam	(f, u, a)	________
36. klich	(ä, l, g)	________
37. waam	(s, c, h)	________
38. gierig	(e, u, n)	________
39. interent	(a, s, s)	________
40. una	(k, l, r)	________
41. ländi	(l, h, c)	________
42. feindse	(l, i, g)	________
43. undank	(a, r, b)	________
44. eholfen	(n, u, b)	________

Für jedes richtig gebildete Adjektiv gibt es 1 Punkt. Punkte:

A 22 Versteckte Adjektive

In jedem dieser 60 Nomen „versteckt" sich ein Adjektiv; manchmal sind es sogar zwei Eigenschaftswörter. Findest du sie? Schreibe die Adjektive in dein Heft.

A	B	C
1. SEGELBOOT	21. SOMMERREGEN	41. POSTSCHALTER
2. ALARMANLAGE	22. FEINDSCHAFT	42. RÄTSELRUNDE
3. SCHIFFSTEIL	23. BAHNGLEISE	43. TRAUUNG
4. KRIECHTIER	24. SCHLANGENGIFT	44. FARBAUFNAHME
5. KNOBLAUCH	25. ABSTURZ	45. ZIGARREN
6. STRANDGUT	26. HOLZPLATTE	46. ZÄHNLEIN
7. BUBENSTREICH	27. NEUJAHRSFEST	47. VERLAUTBARUNG
8. ALLERHEILIGEN	28. STAUBBEUTEL	48. VEREDELUNG
9. VERBITTERUNG	29. GEMEINSAMKEIT	49. VOGELSCHEUCHE
10. STIEFELTERN	30. ERLEICHTERUNG	50. TAUBENZUCHT
11. SCHWEIßPERLE	31. VERSCHÖNERUNG	51. MENSCHENMENGE
12. DICKDARM	32. SCHWERT	52. ZEISIGNEST
13. STREUPFLICHT	33. STROHHALM	53. BROTLAIB
14. WASCHLAPPEN	34. SCHLAUCHBOOT	54. STEUERMANN
15. LEDERSATTEL	35. WEICHTIER	55. STRAFVOLLZUG
16. WEITERFAHRT	36. SCHIESSSCHARTE	56. HOCHACHTUNG
17. NASSZELLE	37. KLINKERSTEIN	57. STADTFEST
18. LERNSTOFF	38. VOGELSCHWARM	58. DICHTUNG
19. STREIFZUG	39. FRÜHLINGSDUFT	59. BEGRÜNDUNG
20. SCHELLE	40. ERKRANKUNG	60. VERSICHERUNG

Für jedes entdeckte Adjektiv gibt es 1 Punkt. Punkte:

Schreibe in jede Leerzeile (1–25) entweder davor oder dahinter ein Wort, das sich jeweils mit den vier vorgegebenen Wörtern verbinden lässt. Sieh dir dazu die beiden Beispiele an.

1.	Rund _reise_	Welt ______	Zug ______	Ab ______
2.	Alt ______	Neu ______	Fuchs ______	An ______
3.	Fuß ______	Hand ______	Leder ______	Schlag ______
4.	Hoch ______	Glas ______	Gast ______	Brau ______
5.	Schlag ______	Christ ______	Stamm ______	Nuss ______
6.	Sonnen ______	Kerzen ______	Blau ______	Rot ______
7.	Schul ______	Kreuz ______	See ______	Irr ______
8.	Fluss ______	Kreis ______	Paar ______	Lebens ______
9.	Trink ______	Opern ______	Bier ______	Fern ______
10.	Fahr ______	Eisen ______	Renn ______	Straßen ______
11.	Not ______	Rück ______	Glücks ______	Sünden ______
12.	Sprech ______	Uhr ______	Frei ______	Mittags ______

13.	_Regen_ wasser	______ zeit	______ bogen	______ schutz
14.	______ kleid	______ ferien	______ abend	______ sonne
15.	______ räuber	______ schalter	______ note	______ automat
16.	______ fall	______ glas	______ ader	______ leitung
17.	______ kugel	______ bild	______ all	______ rekord
18.	______ platz	______ wiese	______ zeit	______ waren
19.	______ zeug	______ blatt	______ platz	______ hafen
20.	______ baum	______ saft	______ garten	______ tag
21.	______ kanne	______ licht	______ beutel	______ ei
22.	______ punkt	______ lupe	______ ung	______ schrift
23.	______ lage	______ lüge	______ fall	______ lösung
24.	______ stabe	______ druck	______ titel	______ messe
25.	______ zeit	______ vogel	______ pickel	______ hockey

Für jede richtige Wortverbindung gibt es 2 Punkte. Punkte:

Der letzte Buchstabe des einen Wortes ist in dieser Wortkette zugleich der Anfangsbuchstabe des folgenden Wortes. Ergänze die fehlenden Buchstaben, so dass alle Wörter aneinander hängen.

B	A	L	L	S	P	I	E	L	A	S	T	A		A	S	S		I	S	E	N	B	A	H	
																									A
	E	D	N	E	L	A		R	E	W	F	U	A		E	F	F	Ö		E	F	A		H	C
A																									
S	T	P	L	A	T		E	U	G	N	I		E	G	E	L	B	O	O		R	O	M	M	E
H	C	I	R	E	B	S	E	G	A		F	A	H	C	S	D	N	A		E	B	E		H	O
H	E	A	T	E		A	S	T	S	T	Ä	T	T		R	N	Ä	H	R	U	N		A	B	E
																									L
L	H	O		N	A	B	D	N	A		U	A	H	N	E	H	I	E		E	L	P	A	T	S
E																									
N	G	R	U	B		I	L	Z	U		A	S	S		I	M	E		O	M	A		A	T	U
I	Z	H	C	A		L	A	W	Z	R	A	W	H	C		U	A	H	H	C	O		C	I	E
E																									
G	E		A	N	D	E	B	A	H		E	B	E	L	W	A	N		O	S	E	N	Ö	F	F
																									N
C	I	W	N	E	K	C	O		E	S		D	R		T	N		B	B		H	I	E		E
K																									
L	E		A	T	H	A	U		C	H	I	F	F	F	A	H	R		H	E	M		S	C	H
																									E
B	L	L	O		E	S	S	E	M	N	E	H	C	S	A		S	A		E	H	C	E	B	N
R																									
A	T	E		O	R	D	P	O		I	C	H		I	S	C	H	T	U	C		A	U	S	B
																									E
I		G	N	A	L	H	C	S	T	F	U		E	I	P	S	E	T	A		E	Z	T	I	S
C																									
H	E	N	B	A	U		A	U	L	W	U	R		R	U	C	H	T	B	O	N	B	O		O
																									T
A		E	D	U	P	R	A	A		C	S	N	U	W	K	C	Ü	L		N	U	D	N	A	L
U																									
M	S	T	A	T	I	O		O	T	W	E	H		I	C	H	T	U	N		L	A		O	N
																									N
	A	A	T		S	U	L	H	C		U	A	H	R	A	B	H	C	A		R	E	T	L	

Für jeden richtig eingesetzten Buchstaben gibt es 1 Punkt. Punkte:

Füge in die Klammern der folgenden 44 Wörter einen Buchstaben so ein, dass jeweils ein neues Wort entsteht. Sieh dir dazu das Beispiel an.

1. Sta(*u*)b	Stab, Staub	23. Re( )gen	
2. Ma( )l		24. Rei( )he	
3. G( )ut		25. S( )iegel	
4. S( )au		26. L( )iste	
5. M( )ut		27. Gas( )e	
6. Ro( )t		28. P( )acht	
7. Eh( )e		29. S( )egel	
8. M( )us		30. Na( )ht	
9. Ga( )be		31. R( )egel	
10. B( )uch		32. Tu( )ch	
11. T( )ube		33. Gu( )t	
12. Ma( )ler		34. S( )atz	
13. Li( )d		35. St( )euer	
14. Scha( )l		36. G( )aben	
15. B( )and		37. K( )opf	
16. Sä( )le		38. B( )ett	
17. Bu( )ch		39. S( )aat	
18. B( )usch		40. S( )lave	
19. St( )and		41. Vers( )and	
20. Sch( )elle		42. K( )ücken	
21. Sch( )ein		43. Sch( )üssel	
22. Sch( )af		44. Sch( )uss	

Für jedes neu gebildete Wort gibt es 1 Punkt. Punkte:

Zu jedem Verb (1–24) gibt es aus den vier Vorschlägen (a–d) das Wort, das am ehesten sein Gegenteil bedeutet. Kreuze die richtige Lösung wie im Beispiel an.

1.	lernen	
a	pauken	
b	informieren	
c	vergessen	X
d	studieren	

2.	gehen	
a	laufen	
b	bremsen	
c	stehen	
d	anhalten	

3.	freuen	
a	trauern	
b	sorgen	
c	leiden	
d	glücken	

4.	salzen	
a	würzen	
b	süßen	
c	rühren	
d	streuen	

5.	rächen	
a	vergeben	
b	vergelten	
c	einigen	
d	strafen	

6.	fallen	
a	aufstehen	
b	erheben	
c	stürzen	
d	steigen	

7.	anstrengen	
a	arbeiten	
b	schlafen	
c	faulenzen	
d	ausruhen	

8.	einfangen	
a	loslassen	
b	auffangen	
c	einholen	
d	entkommen	

9.	herrschen	
a	dienen	
b	ausbeuten	
c	verzeihen	
d	aufgeben	

10.	bestrafen	
a	entschuldigen	
b	verdienen	
c	entsorgen	
d	belohnen	

11.	sprechen	
a	reden	
b	sagen	
c	schweigen	
d	lachen	

12.	bewegen	
a	rennen	
b	ruhen	
c	anhalten	
d	verhalten	

13.	sparen	
a	kaufen	
b	geizen	
c	verteuern	
d	ausgeben	

14.	schwitzen	
a	sonnen	
b	baden	
c	frieren	
d	wärmen	

15.	essen	
a	verzichten	
b	hungern	
c	speisen	
d	trinken	

16.	verlieren	
a	spielen	
b	nachgeben	
c	aufgeben	
d	siegen	

17.	öffnen	
a	empfangen	
b	schließen	
c	reinlassen	
d	abdichten	

18.	leben	
a	schmerzen	
b	beerdigen	
c	trauern	
d	sterben	

19.	säubern	
a	abwaschen	
b	reinigen	
c	ärgern	
d	verschmutzen	

20.	wissen	
a	vermuten	
b	erkennen	
c	interessieren	
d	zweifeln	

21.	flüstern	
a	zuhören	
b	lauschen	
c	brüllen	
d	stottern	

22.	lachen	
a	weinen	
b	freuen	
c	grinsen	
d	verstummen	

23.	lockern	
a	stärken	
b	festigen	
c	binden	
d	lösen	

24.	tadeln	
a	rühmen	
b	freuen	
c	loben	
d	jammern	

Für jeden richtig erkannten Wortgegensatz gibt es 2 Punkte. Punkte:

Der Rösselsprung ist ein bekannter Zug beim Schachspiel: Man zieht 2 Felder waagerecht und 1 Feld senkrecht oder 2 Felder senkrecht und 1 Feld waagerecht.
Beginne links oben mit dem Wort „Eines", springe nach rechts und nach unten zum Wort „nachts" usw. So ergibt sich eine Geschichte. Schreibe sie auf. Vergiss nicht, die Felder (1–64) nacheinander zu nummerieren.

1 Eines	Tiger	ergreifen	wird	erschrickt	zu	stellt	befiehlt
zu	Dabei	2 Nachts	Der	Da	und	und	bleiben
ein	auf	er	die	habe	Dieb	stehen	sich
Vasen	Flucht	wie	3 stiehlt	Weg	ihm	Er	eilt
Dieb	sieht	wertvolle	von	um	die	dreister	der
vier	Tier	Da	aus	ein	den	in	Polizei
Es	der	einem	einer	alarmiert	Diele	Butler	Dieb
riesigen	Villa	überrascht	gibt	in	in	schon	die

Für den richtigen Text gibt es 40 Punkte. Punkte:

Zerfallener Text

Diese Geschichte, die von einem „Wunschring“ erzählt, ist in 27 Satzstücke zerfallen. Sortiere sie so, dass du jeweils ein Satzstück aus Spalte **I** einem Teilsatz aus den Spalten **II** und **III** sinnvoll zuordnest. Schreibe den vollständigen Text in dein Heft.

I	II	III
1. Ein junger Bauer klagte einer Hexe,	**A** dass es ein Wunschring sei,	**a** auf der ein Adler lebte.
2. Die Hexe gab dem Bauern den Hinweis,	**B** ohne aber einen Wunsch auszusprechen,	**b** sich einen größeren Acker zu wünschen.
3. Als der Bauer den Baum fällte,	**C** welchen Wert der Ring habe,	**c** der ihn in seinem Haus erschlug.
4. Da der Bauer wissen wollte,	**D** dass er sehr arm sei,	**d** in dem sich ein Wunschring befand.
5. Als der listige Schmied erfuhr,	**E** bat sie immer wieder ihren Mann,	**e** zeigte er ihn einem Goldschmied.
6. Der Ring brachte dem Goldschmied kein Glück,	**F** fiel aus dem Wipfel ein Ei,	**f** obwohl er kein Wunschring war.
7. Als die Bauersfrau von dem Ring erfuhr,	**G** gab man ihm den Ring mit ins Grab,	**g** weil er nur einen kleinen Acker habe.
8. Der Bauer drehte den Ring zwar täglich um,	**H** eine frei stehende Tanne zu schlagen,	**h** betrog er den Bauern mit einem gewöhnlichen Ring.
9. Als der Bauer nach vierzig Jahren starb,	**I** weil er sich einen wahren Talerregen wünschte,	**i** worüber ein Jahr nach dem anderen verging.

Von maximal 40 Punkten subtrahiere jeweils 3 Punkte bei einem falsch zugeordneten Teilsatz. Punkte:

Bei den Sätzen (1–25) hat sich eine Erzählung (E) mit einem Bericht (B) vermischt. Kennzeichne zunächst die Ziffern (1–25) *vorn* mit B oder E, dann übertrage den Bericht in dein Heft.

____ 1. Um Mitternacht tobte ein heftiger Sturm,

____ 2. Am Montag, den 4. April 2004, wurde ich Zeuge eines Verkehrsunfalls,

_E_ 3. der den Schlossherrn und seine Frau weckte.

____ 4. der sich an der Kreuzung Deutsche Straße/Drususallee in Köln ereignete.

____ 5. Der Fahrer eines Mercedes 280, der aus Richtung Bahnhof kam,

____ 6. Besorgt traten beide ans Fenster und schauten in die Nacht.

_B_ 7. übersah das Stopplicht und stieß mit einem Peugeot 305 zusammen,

____ 8. An den Scheiben flogen Blätter und Zweige vorbei, so dass die Schlossherrin erschrocken sagte: „Ein furchtbares Wetter."

____ 9. der sich auf der Vorfahrtstraße befand und Richtung Finanzamt fuhr. Obwohl der Fahrer des Peugeot noch zu bremsen versuchte,

____ 10. Sie sah ängstlich aus und begann zu beten:

____ 11. konnte er wegen der regennassen Fahrbahn den Zusammenstoß mit dem anderen Auto nicht verhindern.

____ 12. „Am Anfang war das Wort und das Wort war bei Gott und Gott war das Wort."

____ 13. Zwei ältere Passanten, die den Unfall beobachtet hatten,

____ 14. Ein furchtbarer Donnerschlag. „Um Gottes Willen! Brennt es?",

____ 15. liefen eilig zu den schwer beschädigten Autos und kümmerten sich um die beiden Verletzten.

____ 16. rief die Schlossherrin und sank mit dem Gesicht auf den Stuhl.

____ 17. Ich selbst rief mit dem Handy die Polizei an.

____ 18. Die Tür wurde aufgerissen und herein stürzte die Frau des Juden Aaron.

____ 19. Schon nach vier Minuten kamen ein Kranken- und ein Streifenwagen der Polizei.

____ 20. Sie war bleich wie der Tod und triefte vor Nässe.

____ 21. Dann warf sie sich vor dem Gutsherren auf die Knie.

____ 22. Die Fahrer wurden mit dem Krankenwagen ins Lukaskrankenhaus gebracht und hier gründlich untersucht.

____ 23. „Gerechtigkeit!", rief die Frau des Aaron. „Gerechtigkeit! Mein Mann ist erschlagen!"

____ 24. Festgestellt wurde, dass die beiden Autofahrer nur leichte Verletzungen davongetragen hatten.

____ 25. Dann sank sie ohnmächtig zu Boden.

Von maximal 30 Punkten subtrahiere jeweils 2 Punkte für einen Fehler beim Übertragen des Berichtes. Punkte:

In diesem Text sind viele Buchstaben verloren gegangen. Sie wurden durch Striche ersetzt. Setze die fehlenden Buchstaben ein und lies den Text.

Ei_ Ga_ner

Vo_ vi_le_ J_hren le_te ein_al _in ar_er Ba__r. Er ar_eitet_ von mor_ens bis a_end_. Abe_ so se_r er sic_ abrack__te, er sc__ffte es n_r mit Ac_ und Krac_ zu üb__leben. Niem_nd st_nd ihm zur _eite und i_mer _ehlte ihm Gel_. D_r _auer ab_r ha_te einen r_ich__ Sch_ager, der in Sa_s und Brau_ l_bte. Di_ b_id_n Mä__er war_n se_r verschi__en. Sie ha_sten sich wi_ zwei F__nde. Weit _nd _reit war be_annt, dass d_r Sch_ager _in gieriger Gei_hals war, der w_d_r To_ noch Teu_el fürcht__e und b_i _llen Le_ten seh_ un_eliebt wa_. Sein_n __hwager um Hil_e zu _itten, wäre erfol_los gew_sen; d_nn die_er hä_te den _rmen _auer_ nur da_ong_jagt. Des_alb entsc__oss sich der B__er, den Geizh__s zu überlis_e_. Er hü_lte sic_ von K_pf bi_ Fu_ in _eine b_st_n Klei_er und eilt_ zu s_ine_ Schwag__. Der Ba__r _rzählt_ ihm, er h_be auf sein_m Ac_er ei_e_ ri_sigen Gol_klumpe_ gef_nden, der _um T_agen viel zu sch_er sei. De_ raff_ierig_ Sch__ger g_riet vor Gel_gier außer Ra_d u_d Ba_d. Er drän_te den Ba__rn, ihm sein__ _cker zu ver_aufe_, und bot ihm _ine ho_e _eldsum_e an, wenn e_ den Kauf_ertrag s_fort unt__schriebe. De_ Ba_er tat di_s un_ der Gei__als zä_lte die Kaufs_m_e auf Hel_er und Pfen_ig auf den Ti_ch. Dan_ ließ er _ein P_erd s_tteln und rit_ grußl_s dav_n. Als de_ _eizhal_ an de_ vermeidlich_n Gol_grub_ anka_ , grub er ha_tig den _cker um. _ber er fan_ k_in G__d. Vor W_t s_uckte er Gif_ und Gall_ und sch_ug al_es, was ihm i_ den We_ kam, kur_ und _lein. Den geris_enen _auern hätt_ er am lie_sten hi_ter Sch_oss un_ Ri_gel ge_racht. Doch di_ser li_ß sic_ n_cht blick_n, _eil er w_sste, das_ es i_m um K_pf und K_agen gi_g. Der Ba__r blie_ bis an _ein Le_ensend_ versch_und_n.

Von maximal 50 Punkten subtrahiere jeweils 1 Punkt, wenn du einen falschen Buchstaben eingesetzt hast. Punkte:

Beim Drucken dieser Geschichte sind viele Fehler passiert. So ist oft der letzte Buchstabe eines Wortes an den Anfang des folgenden Wortes gerückt. Lies den Text und markiere die richtigen Wortabstände durch senkrechte Bleistiftstriche. Schreibe dann den ersten Abschnitt richtig in die Leerzeilen.

Waru msi etodesmuti gsind

I nSa nFrancisc ostürze nsic hJugendlich evo nde rGolde nGat eBridge. Si esicher nsic hdurc hei nSei lab, da ssi ea nihre nFüße nun da nde rBrückenbrüstun gbefestigen. Ander ehänge nsic ha neine nBaukra nun dlasse nsic hi ndi eTief efallen. Ma nnenn tdies eJugendliche nBungee-Springer. Frag tma nsie, waru msi ediese nWahnsin ntun, antworte nsie, bei mStur zin sNichts Angs tun dPani kz uüberwinde nun ddabe iei nunheimliche sGlücksgefüh lz uempfinden.

Dies eSpiel ewerde nimme rgefährlicher. Manch eJugenlich ejogge nque rübe rdi eAutobah node rbenutze nda sDac heine sFahrstuhl sal sriskant eMitfahrgelegenheit. Auc hda ss ogenannt eSurfe nmi tde rU-Bah nis tei nhäufige run dbeliebte rKick. E rbesteh tdarin, au fde nabfahrbereite nZu gaufzuspringe nun dsic hauße na ndesse nTü rfestzuhalten. Dies eMutprob ekan nbi sz ufün fSekunde node retwa slänge rdauern. Dan ngil tes, rechtzeiti gabzuspringen. Manc heine rdiese rSurfe ris tkau mzeh nJahr ealt. Si ehänge nmi taufgeblasene nJacke nun dwehende nHaare na nde nfahrende nZüge nun dvollführe ndabe itodesmutig eKunststücke. Of tlaufe ndies eKinde rode rJugendliche nauc hübe rdi eDäche rde rschnelle nZüg eun dspreize ndi eBein ewi eHelde ni neine mWestern. Wen neine rherabstürz tun dzu mBeispie lgege neine nSignalmas tknall tun dto tliege nbleibt, nenne nsi eda sAbklatschen.

Von maximal 40 Punkten subtrahiere 1 Punkt, wenn du einen Fehler gemacht hast. Punkte:

Diese Fabel ist schwierig zu lesen, weil jedes Wort rückwärts geschrieben ist. Lies den Text zunächst so, wie er verfasst ist. Dann übertrage ihn in der üblichen Schreibweise in dein Heft.

Red Shcuf dnu red Kcobnegeiz

Nie Shcuf leif ni nenie nefeit Nennurb. Re etffoh fuarad, ssad dnamej mak, red mhi flahsuareh. Sla nie Kcobnegeiz ned Shcuf etkcedtne, feir reseid: „Flih rim reih suareh!" Red Kcob etgarf, bo sad Ressaw trod netnu tug ies. „Aj", eteterowtna red Shcuf, „mmok hcod bareh dnu ereiborp se." Red KcobnegeiZ etregöz sawte, hcod nnad etrettelk re banih. Dnu re knart nov med nehciltsök Ssan.

Thcin rhem gitsrud, etgarf re ned Shcuf: „Eiw nemmok riw redeiw fuanih?" Red Shcuf eträlkre se mhi. Red Kcob etllos hcis fua eid Eniebretnih nellets, eid Eniebredrov negeg ied Dnaw nemmets dnu enies Renröh sua med Nennurb nekcertssuareh. „Nnad edrew hci rebü nenied Nekcür nrettelkfuanih dnu rid trofos neflehsuareh", os red Shcuf.

Red Kcobnegeiz tat, saw nam mhi netareg ettah. Nebo tgnalegna etznat red Shcuf rov Eduerf. Re etnhöhrev ned Kcob negew renies Tiehmmud. „Hci edrew hcim na rid nehcär!", eirhcs red Kcob. Rebürad ethcal red Shcuf dnu etetrowtna: „Nnew ud os eleiv Neknadeg tsettäh eiw Eraah ni menied Trab, nnad tsräw ud thcin negeitsegretnureh, enho uz negelrebü, eiw ud redeiw tsmmoksuareh!"

Von maximal 40 Punkten subtrahiere jeweils 1 Punkt, wenn du ein Wort falsch übertragen hast. Punkte:

In diesem Buchstabenfeld „verstecken" sich viele Wörter, die du nacheinander zu einem Text zusammensetzen sollst. Unterstreiche in jeder Zeile (1–22) die gefundenen Wörter und übertrage sie in dein Heft. Vergiss nicht, die fehlenden Satzzeichen zu ergänzen. (Beachte: Ä = AE; Ö = OE; Ü = UE)

1. BCGHINHULMNGZOPACBIDDERKOFJLMNRTSWUESTEOPQABSTLHN
2. ISTFAEGHOZCBELMWASSERTMELHJUAGSDBDZEGFOEINDEHSUEIK
3. BKAUVKOSTBARESLOPNKOMAREAHRGUTSERHUJAKESLMISTOIISHI
4. DIEQUEJSHGARANTIEVLOVCWFUERSTLNNAPLEBENSADGETXZOAP
5. LOPHSWASSERBEDTISTHSUAINWBCPLZACBGHNATOGRDEROTFER
6. ORDLNWUESTEPBXCYWQTGOLDMMUGJFTREDFMNHJKWERTLOPIU
7. OHBAOHNEHHSTIWASSERVGHTPGIBTWQNMJSOESLJHZTMAPGNHZ
8. VNURTSIWUZHSJNOTHHJAHSNCUNDPPOSLANCBCHGSZEGSAHTOD
9. ABCABERJHJHUHGHFTDNACHJYUHEINEMZSWVTGJNMJHALBENIUO
10. CAXAPTAGGKOBREGENVNMUHELSAMMELNRTSHUANCBTIERNNHSA
11. UTUNDTRCDOPNBGHMENSCHBDAOPNMHTNFNEUEMHZTDWOPLKHZ
12. GTVBAKRAEFTEOPSJARUTBLDIEMMNUERANOMADENOPAKDNNSBE
13. SCZZIEHENNHSTOFGMITRTPIHAIHRENTOLKAMELENOPLSKDUFHANT
14. BEACZUTTKAJSUZSATEINEMROKCGTROCKENTALOUZGTDEJHZFES
15. HJAKTISISTGHOPOJETZTLMNUMITGHEHADSAWASSERTOIEHDNSAHE
16. TLLEUGFEUNDDUNSSATUSHDNEOSNASCHLAMMACBCAPHAEGXWYA
17. FUELTSGEFUELLTBAHEQUEUSADANNMORNINGOPQRSBEGINNTOOPM
18. AWIEDERXEVOENINASDIEZDSSTHJKSHDUAHSHITZEMNVHSIAJDUFHS
19. DNUUNDEOPSADCOUAHDFDPDIEBCAEPOMENSCHENCOAFOIDJSIKOS
20. HOFFENREDWIDAKDJSHDJAOEPTTRSMNRZAPABSHDNCUSHUAAUFLLO
21. TZSHJSHAJDENLLOAPKMCHOUGAZDSLOINAECHSTENMHADNUHANNP
22. NVBHCZSGASGZDHENFHUSSHAHSDREGENJKDHUSDJFNVCXHDBSHJ

Von maximal 40 Punkten subtrahiere jeweils 1 Punkt, wenn du ein Wort übersehen hast. Punkte:

Jeweils drei der 18 Puzzleteile ergeben ein Rechteck. Notiere unten die Zahlen, aus denen sich die sechs Rechtecke zusammenfügen lassen.
Wenn du die Figurenteile nicht „mit den Augen" zusammenschieben kannst, darfst du sie auch ausschneiden.

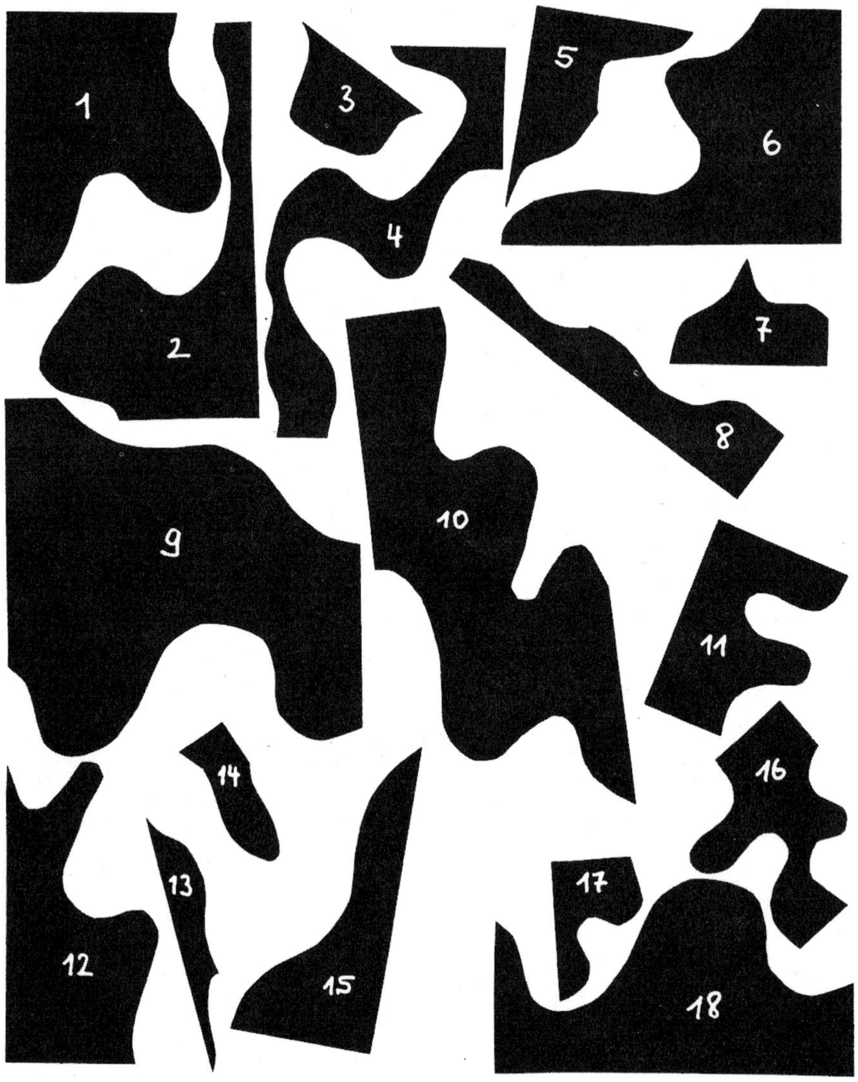

Lösung:

a) ____ + ____ + ____ = 1

b) ____ + ____ + ____ = 2

c) ____ + ____ + ____ = 3

d) ____ + ____ + ____ = 4

e) ____ + ____ + ____ = 5

f) ____ + ____ + ____ = 6

Für jedes richtig zusammengesetzte Rechteck gibt es 5 Punkte. Punkte:

Jeweils drei der 18 Puzzleteile ergeben ein Rechteck. Notiere unten die Zahlen, aus denen sich die sechs Rechtecke zusammenfügen lassen.
Wenn du die Figurenteile nicht „mit den Augen" zusammenschieben kannst, darfst du sie auch ausschneiden.

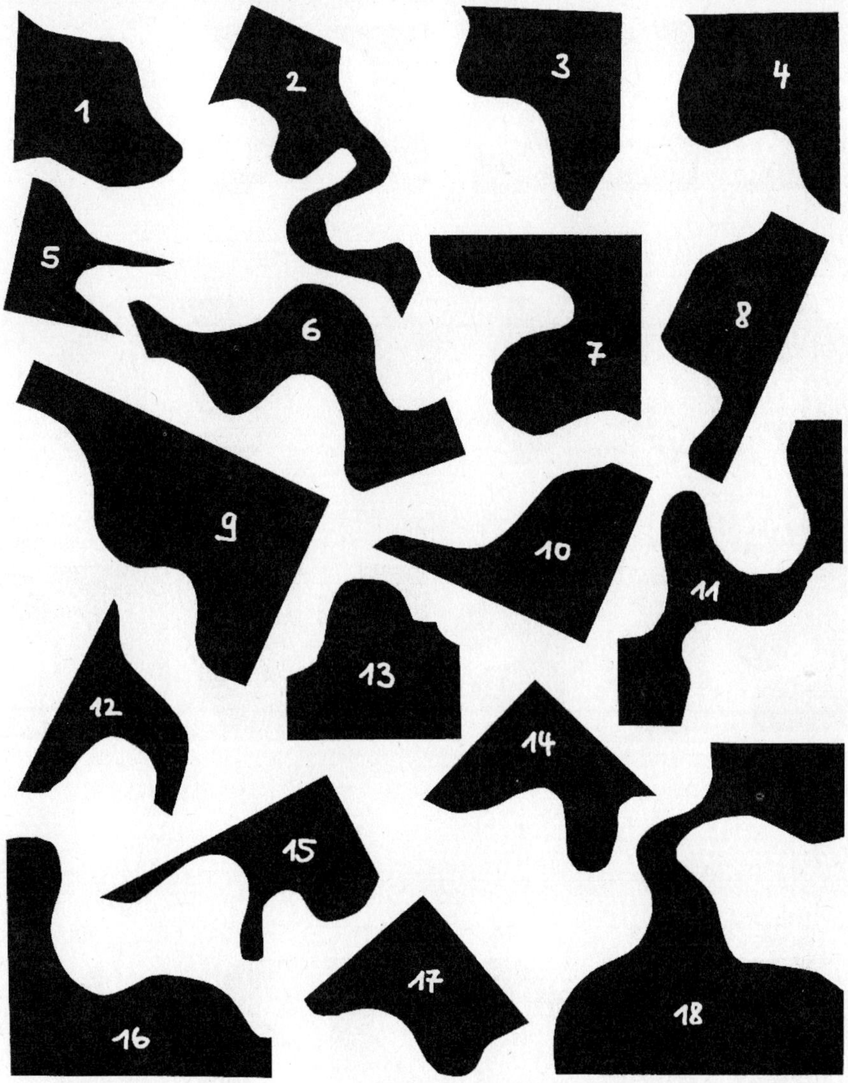

Lösung:

a) ____ + ____ + ____ =	1	d) ____ + ____ + ____ =	4
b) ____ + ____ + ____ =	2	e) ____ + ____ + ____ =	5
c) ____ + ____ + ____ =	3	f) ____ + ____ + ____ =	6

Für jedes richtig zusammengesetzte Rechteck gibt es 5 Punkte. Punkte:

Im Kasten **A** siehst du 24 Teile unvollständiger Vielecke, die man „Polygone" nennt. Im Kasten **B** befinden sich die anderen Teilstücke dieser Vielecke. Welche Teile passen zusammen?

A

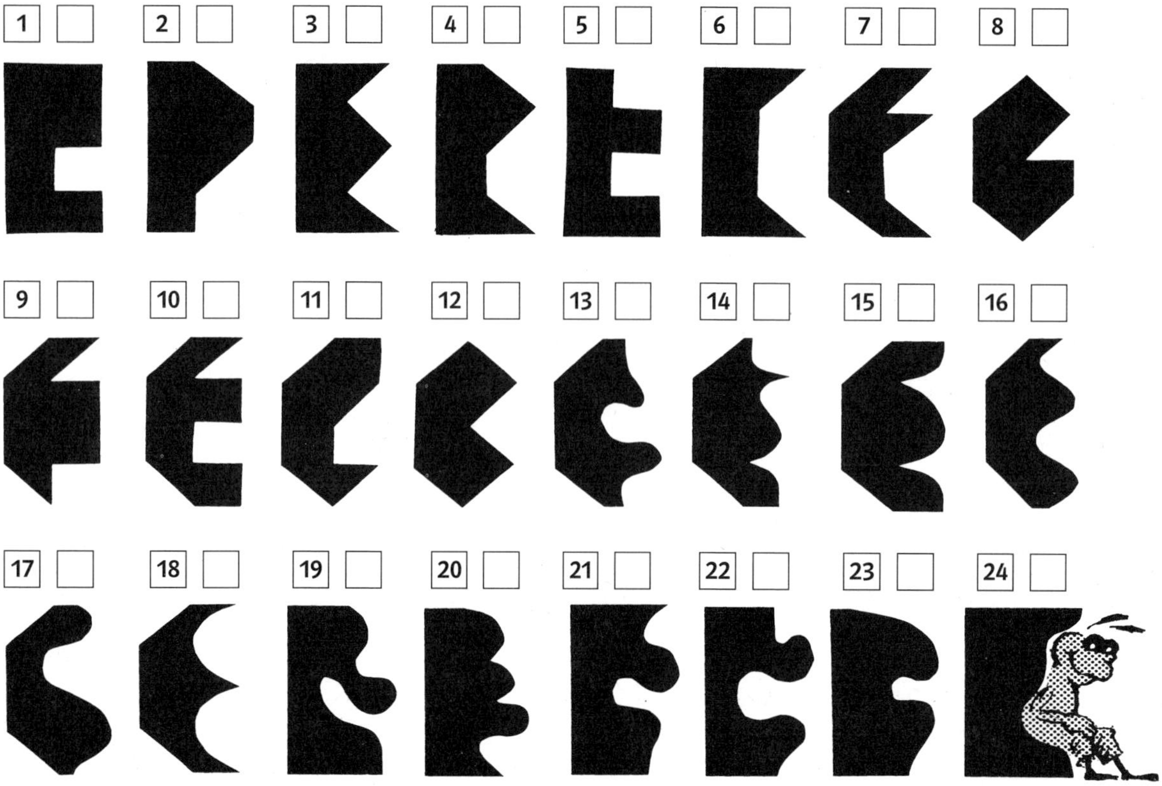

B

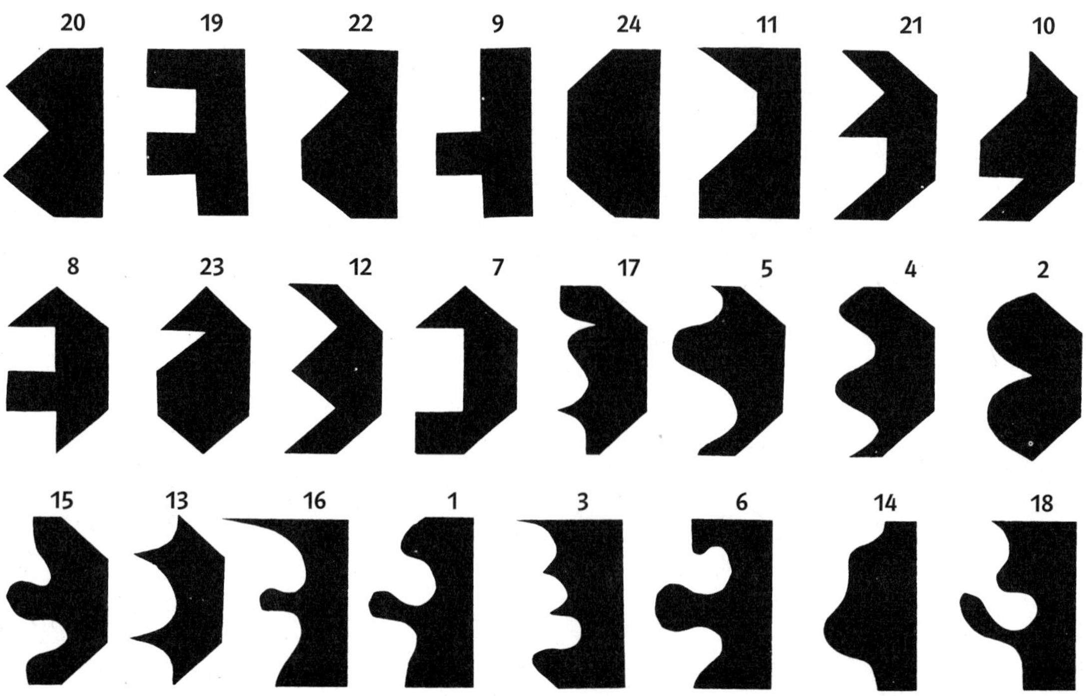

Für jedes richtig zusammengesetzte Vieleck gibt es 2 Punkte. Punkte:

Hier siehst du eine Kreiskarte von Nordrhein-Westfalen und darunter 16 Kartenausschnitte. Sieh dir genau die Umrisse dieser Kreise an und gib ihnen die entsprechende Nummer.

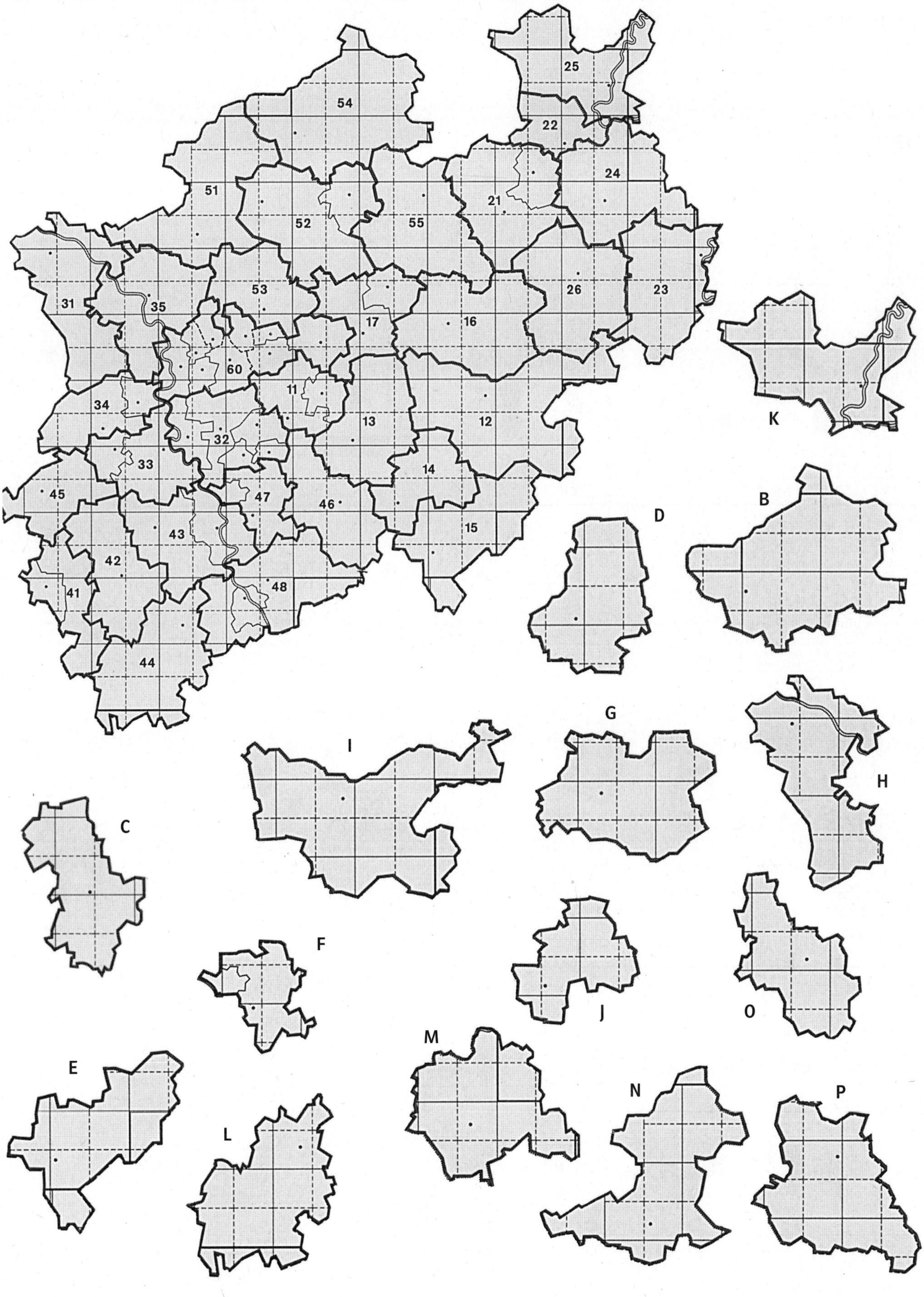

Für jede richtig eingetragene (Kreis-)Nummer gibt es 2 Punkte. Punkte:

In den sechs Kästen **(A–F)** siehst du links jeweils vier Körper und rechts daneben eine „Faltvorlage“, die die Außenseite eines bestimmten Körpers abbildet. Welcher dieser Körper (a–d) kann aus der entsprechenden Faltvorlage gebildet werden? Kreise den richtigen Buchstaben unter dem Körper ein.

A

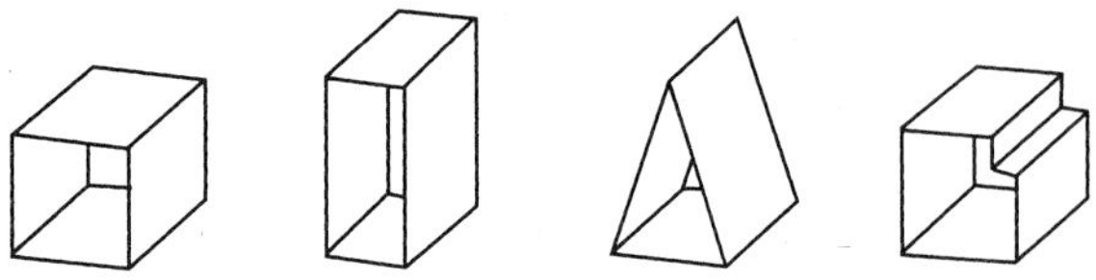

a b c d

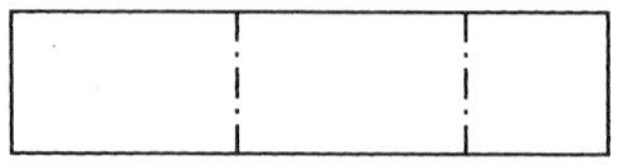

B

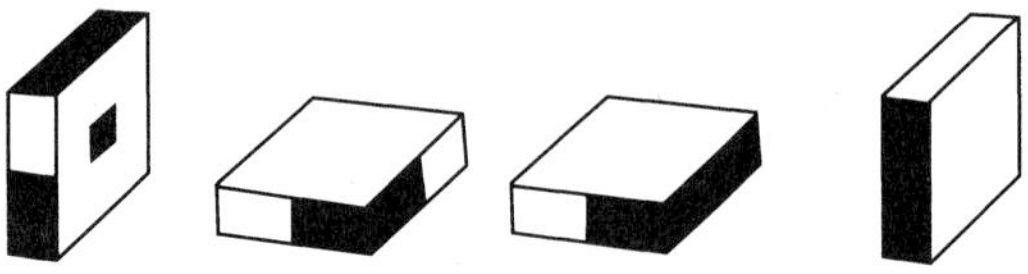

a b c d

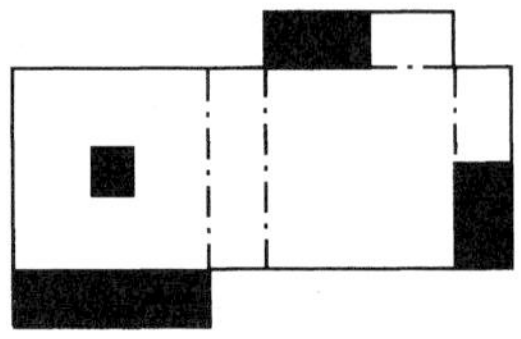

C

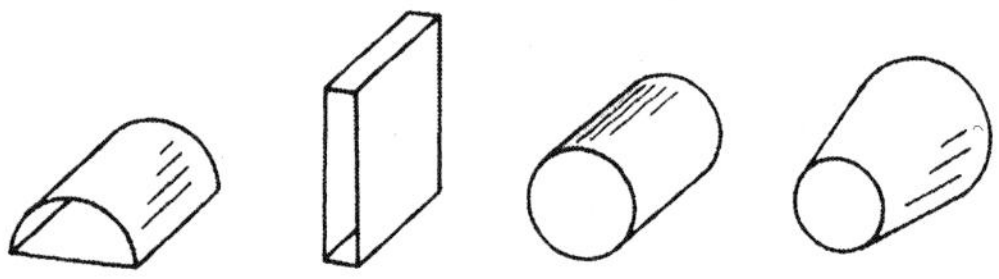

a b c d

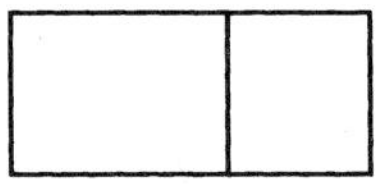

D

a b c d

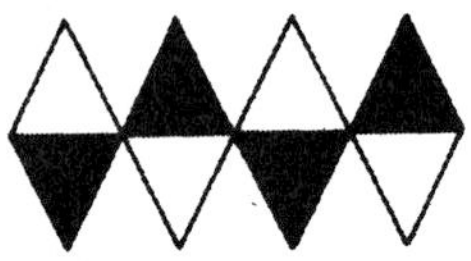

E

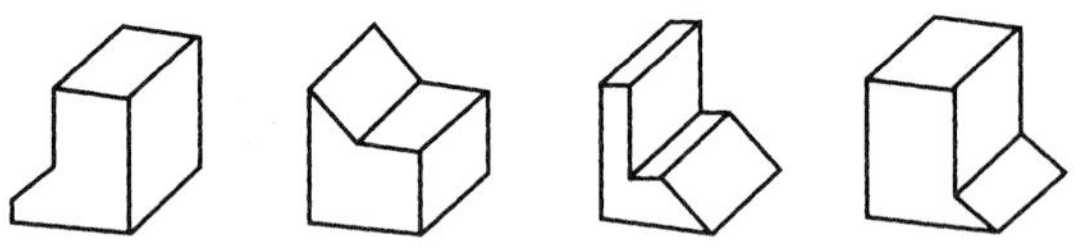

a b c d

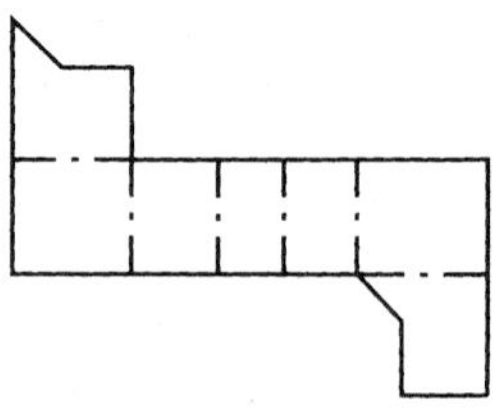

F

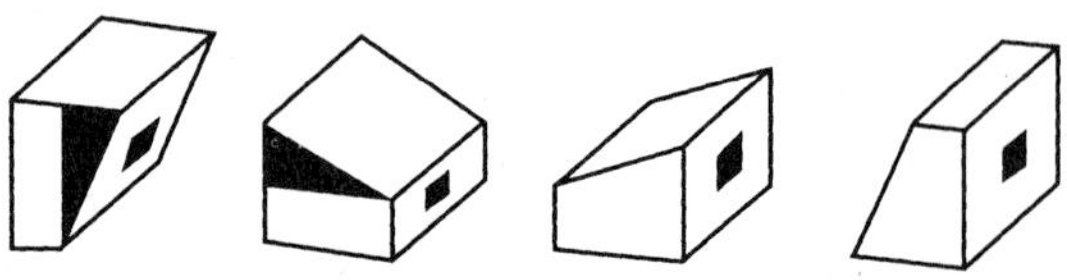

a b c d

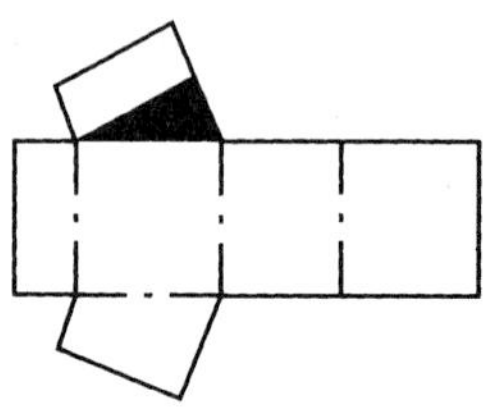

Für jede richtige Antwort gibt es 5 Punkte. Punkte:

Hier siehst du sonderbar gestaltete Linien und mehrere Teilstücke. Welche dieser Teillinien (a–c; a–e) sind jeweils in den Linien (1–8) enthalten? Markiere sie und gib ihnen den entsprechenden Buchstaben.

1.

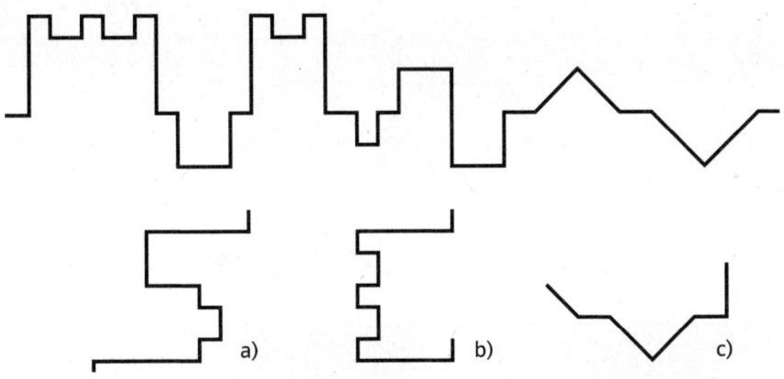

2.

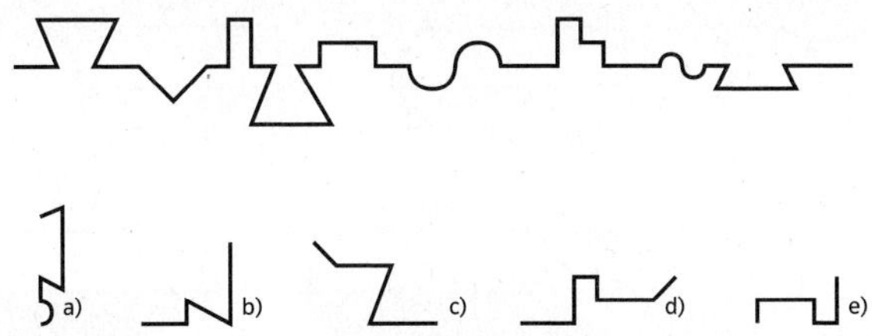

3.

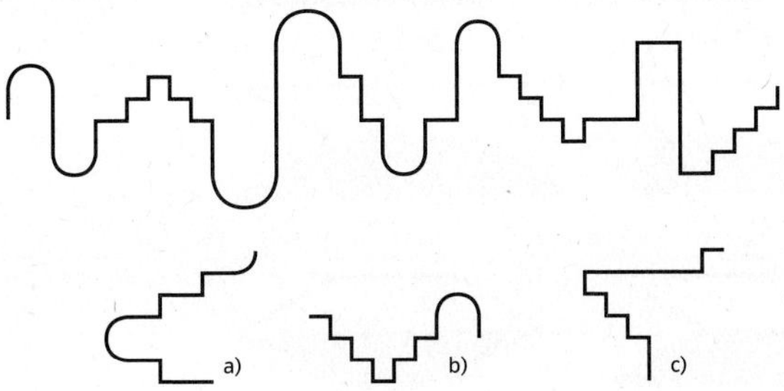

4.

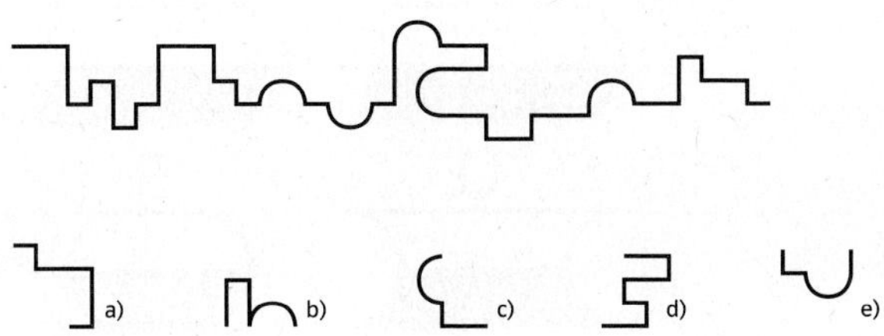

5.

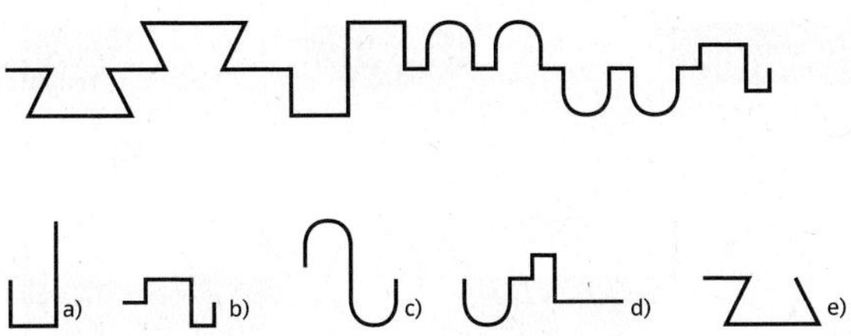

6.

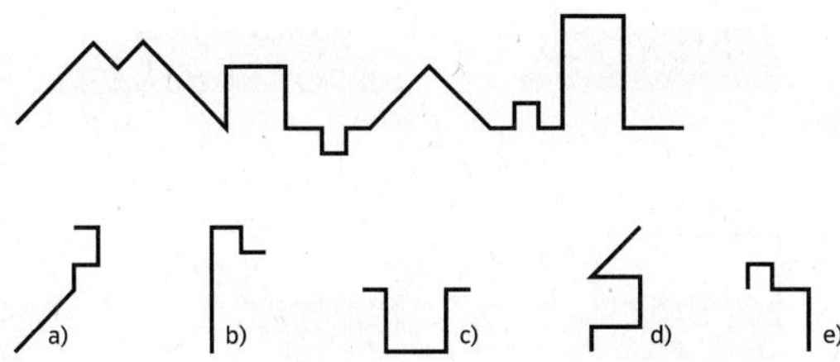

7.

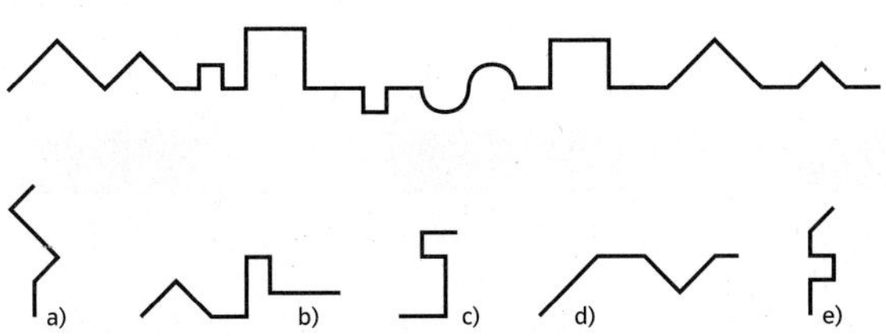

8.

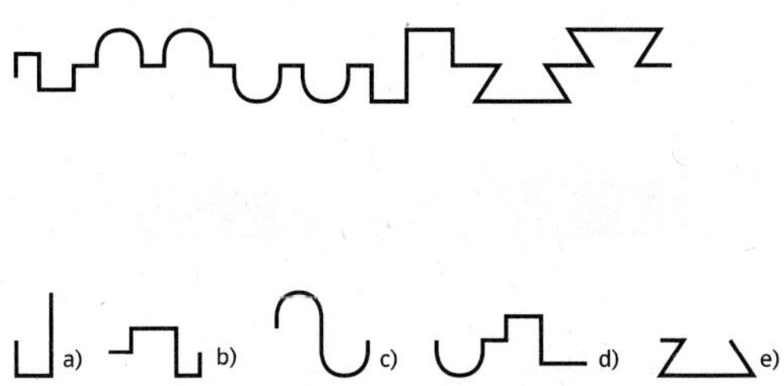

Für jede richtige Lösung (1–8) gibt es 3 Punkte.	Punkte:

Die 20 Teilstücke im oberen Kasten passen genau in die Lücken der Figuren-Streifen (1–5) im unteren Kasten. Schreibe in die Kreise den Buchstaben des Teilstücks (A–T), das die Lücke jeweils schließt.

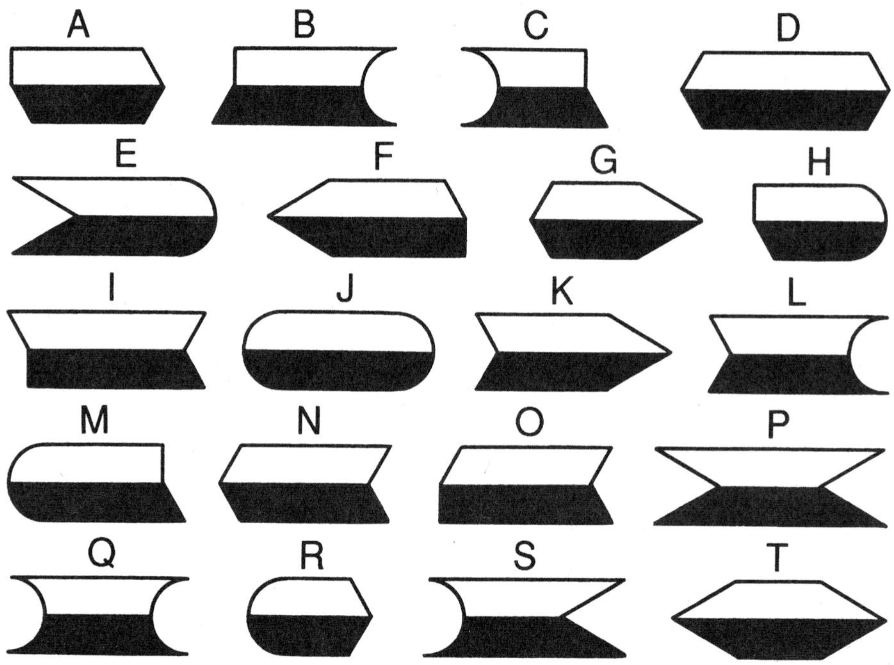

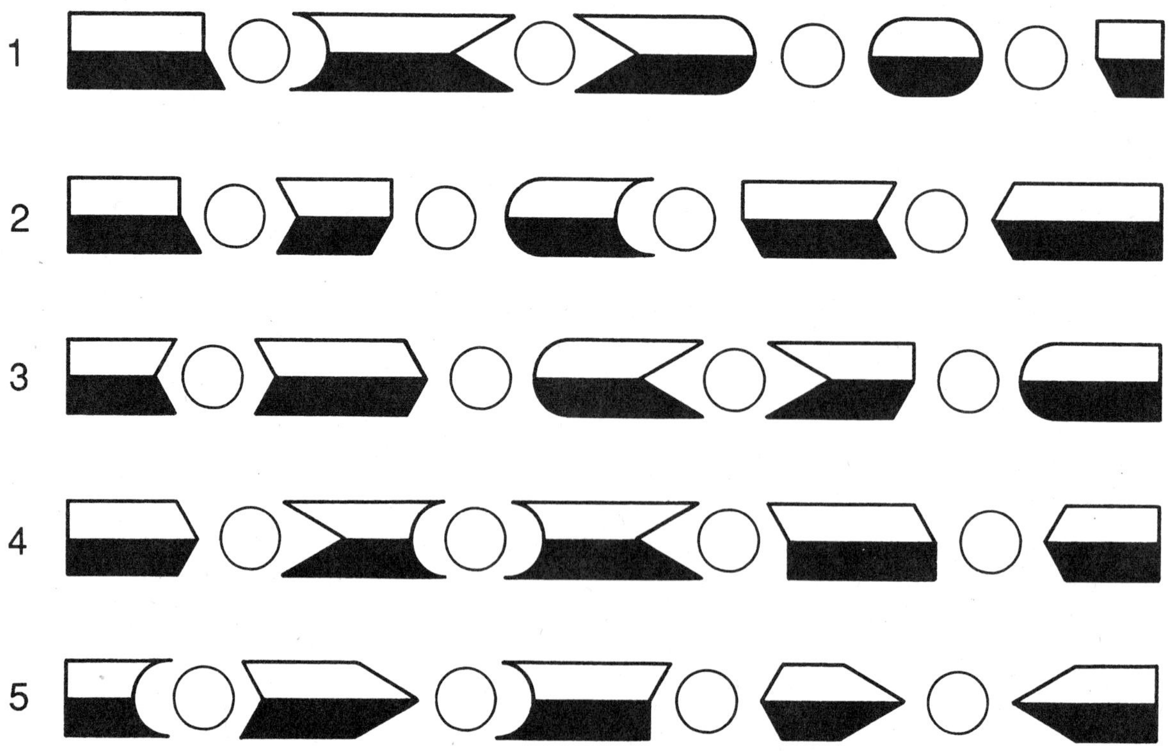

Für jede richtig geschlossene Lücke gibt es 3 Punkte. Punkte:

Die 20 Teilstücke im oberen Kasten passen genau in die Lücken der Figuren-Streifen (1–5) im unteren Kasten. Schreibe in die beiden Kreise jeweils die Buchstaben der Teilstücke (A–T), die die Lücken schließen.

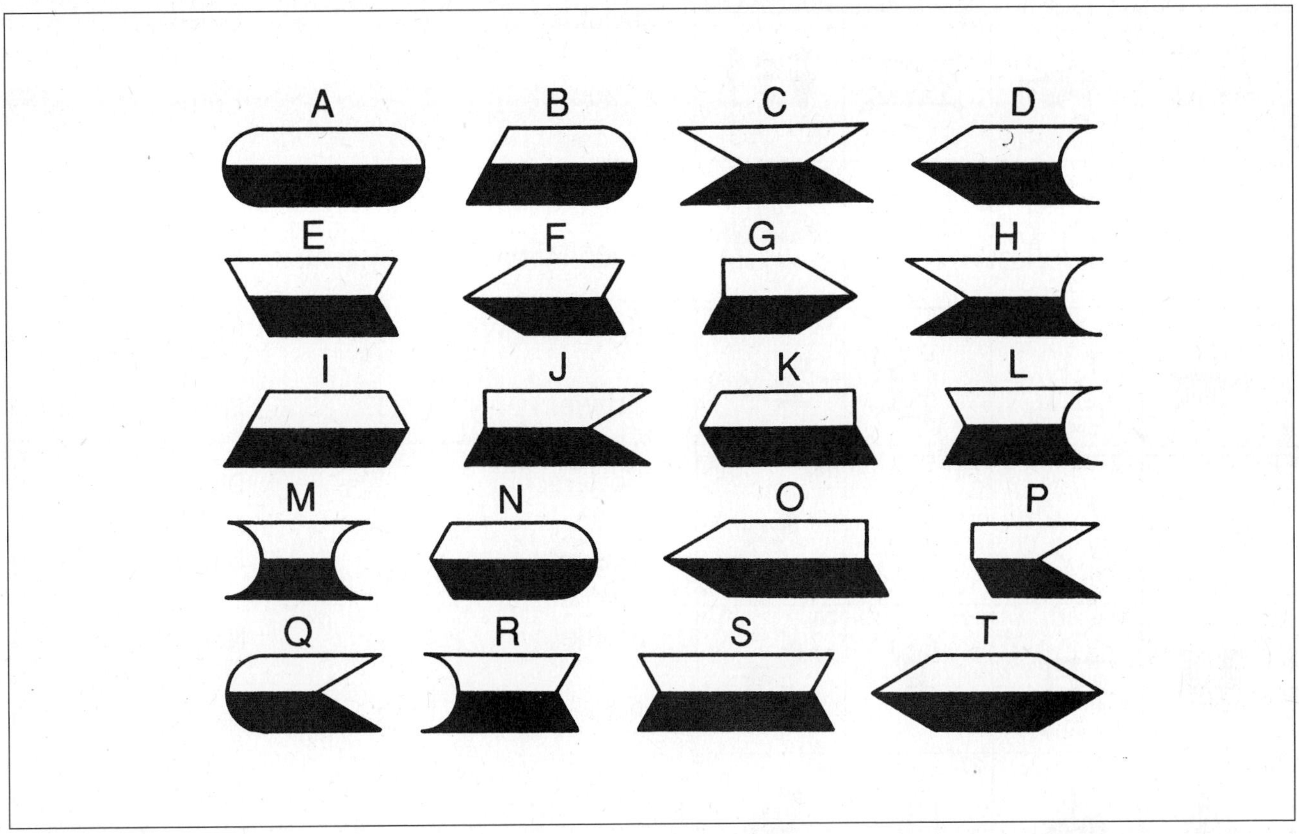

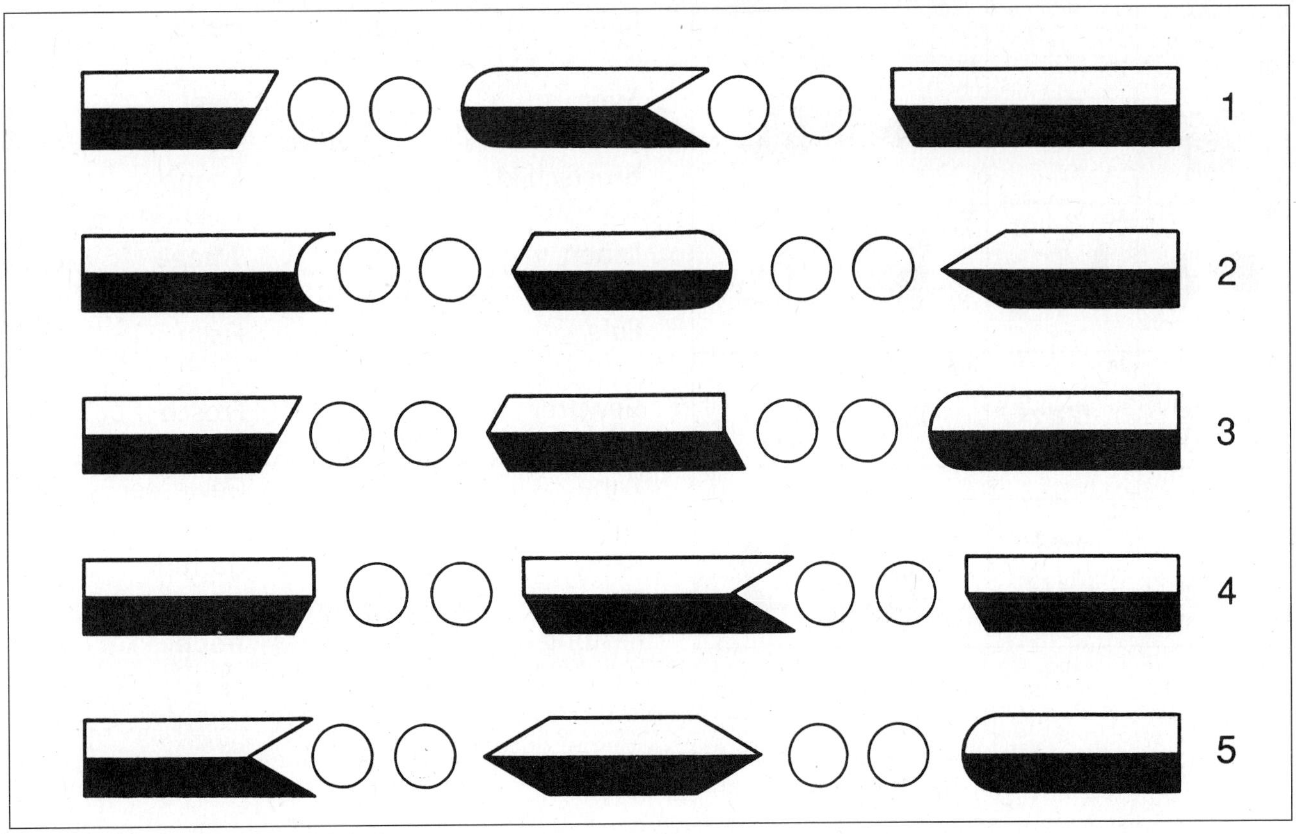

Für jede richtig geschlossene Lücke gibt es 4 Punkte. Punkte:

Altägyptische Schriftzeichen

In diesem Gitter siehst du 40 altägyptische Schriftzeichen. Mit etwas Fantasie kannst du sie identifizieren. Dabei hilft dir rechts die Liste mit den Erklärungen.

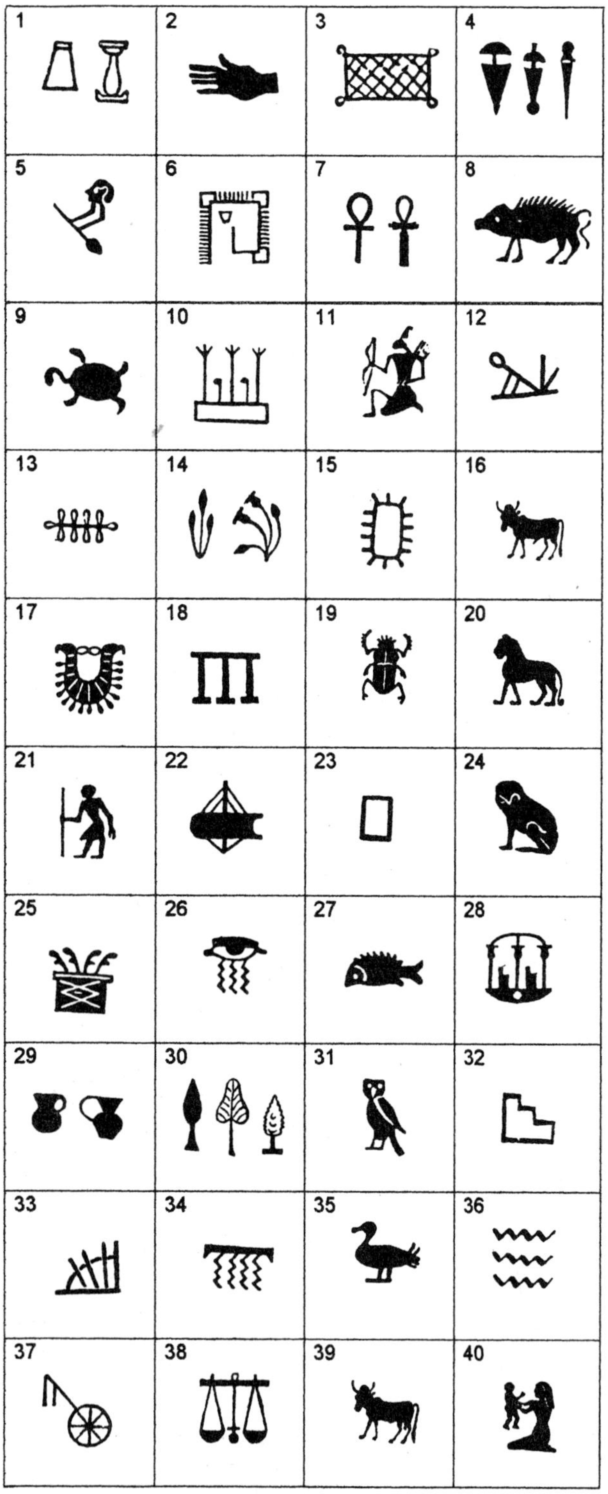

Schildkröte	( )	Dolch	( )
Trauer	( )	Haus	(18)
Alter	( )	Turm	( )
Vogelfalle	( )	Raum	( )
Kriegswagen	( )	Pflug	( )
Schwein	( )	Ente	( )
Götterschiff	( )	Blume	( )
Rückgrat	( )	Mutter	( )
Mühle	( )	Netz	( )
Ruderer	( )	Löwe	( )
Soldat	( )	Baum	( )
Kuh	( )	Hand	( )
Stier	( )	Tafel	( )
Brustschild	( )	Kanne	( )
Leben	( )	Waage	( )
Eule	( )	Fisch	( )
Gewitter	( )	Frosch	( )
Wind	( )	Gewässer	( )
Käfer	( )	Garten	( )
Festung	( )	Treppe	( )

Für jedes richtig identifizierte Schriftzeichen gibt es 1 Punkt. Punkte:

In diesem Gitter siehst du 117 chinesische Schriftzeichen. Fünf davon sind mehrmals vertreten. Markiere und zähle sie.

☐–◯-mal ☐–◯-mal ☐–◯-mal ☐–◯-mal ☐–◯-mal

血	虫	羽	見	示	行	米	白	冗
舌	网	食	父	風	肉	阜	老	舛
皮	面	米	非	韭	白	瓦	色	皮
老	至	魚	虍	鹿	缶	舟	老	鼻
角	冒	米	瓜	老	麥	皮	舟	襾
聿	片	鼎	艮	舛	瓦	鼓	麻	老
米	禾	鼻	飛	羽	至	豕	皮	襾
辰	老	豸	父	食	羽	爿	血	米
白	鼓	鼠	風	虫	瓦	羽	艸	馬
車	瓜	見	黽	米	艮	牙	老	鼎
老	瓜	舌	老	身	飛	父	牛	米
雨	爻	甘	鹵	色	辛	韋	革	至
黍	音	甘	香	老	黽	皮	角	羊

Für jede richtig gezählte Schriftzeichen-Anzahl gibt es 5 Punkte. Punkte:

Hier siehst du 3 x 10 Würfel. Bei **A** ist deren Rückseite nach oben und bei **B** deren Grundseite nach unten geklappt. Wie sieht jede dieser Würfelseiten aus? Schreibe die entsprechende Punktzahl als Ziffer in die jeweils leere Fläche. Kannst du auch bei **C** die fehlenden Ziffern ergänzen?

A

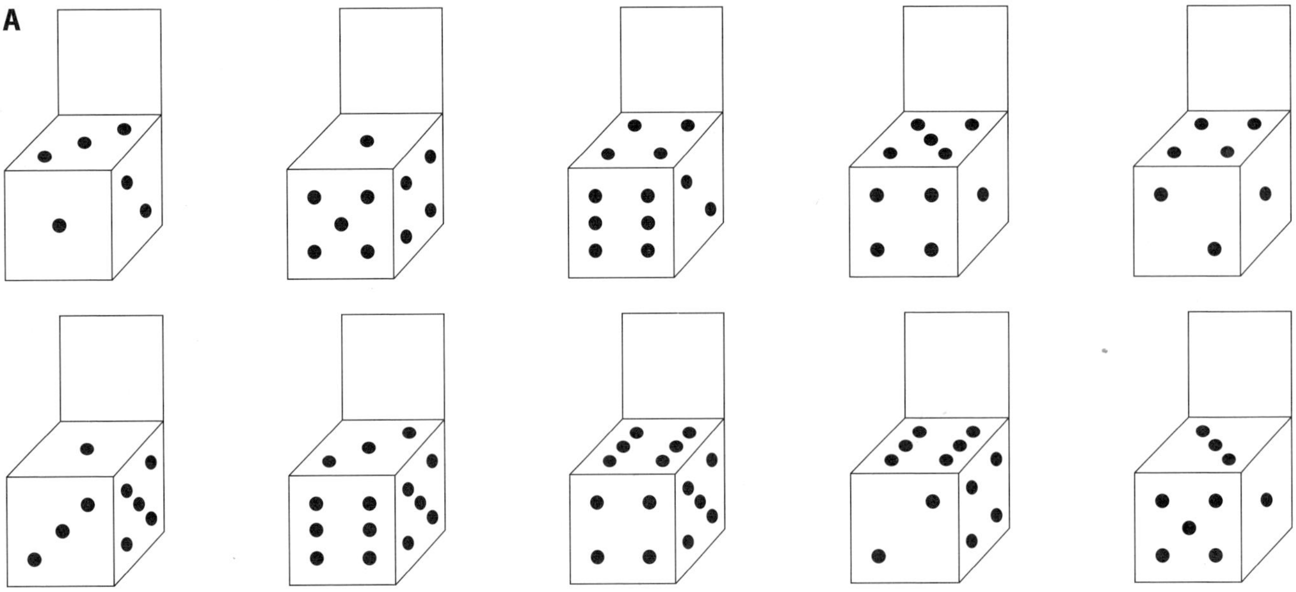

B

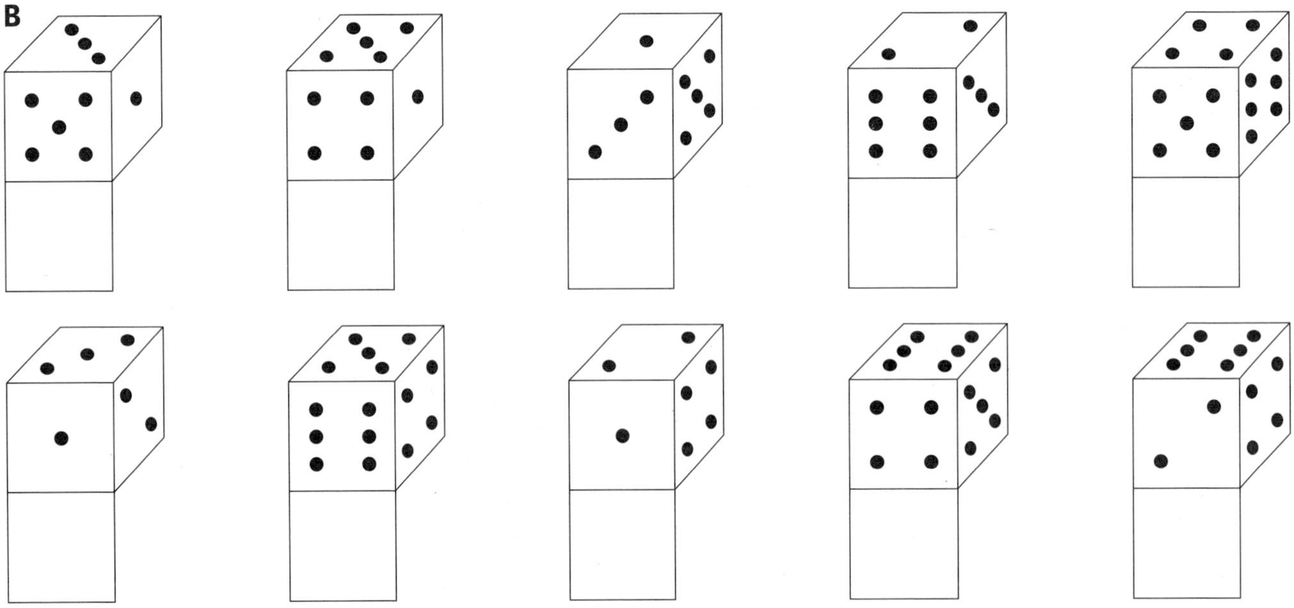

C

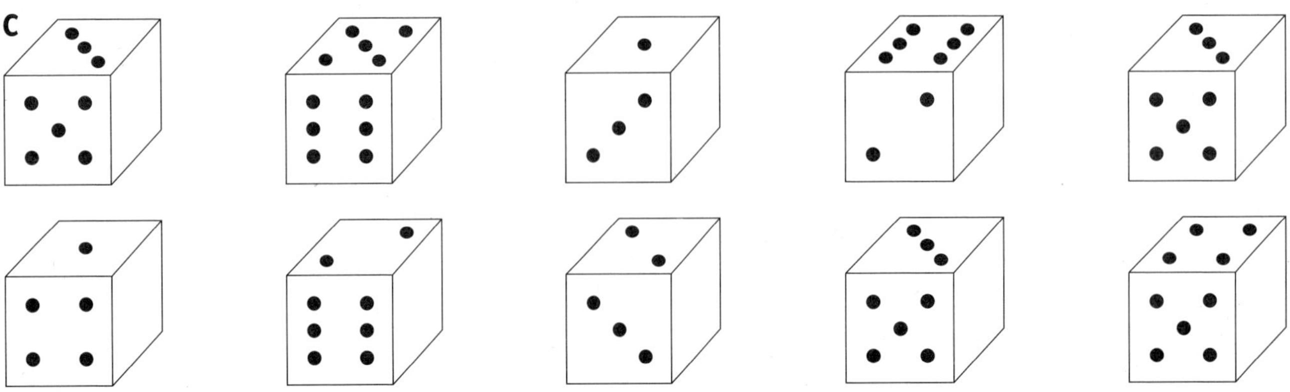

Für jede richtig ergänzte Ziffer gibt es 1 Punkt.	Punkte:

Dieses einfachen Zeichnungen nennt man „Piktogramme". Sie stellen 28 verschiedene Sportarten dar. Schreibe rechts in die Klammer jeweils die Nummer, die das entsprechende Piktogramm enthält. Beachte, dass 8 Sportdisziplinen nicht abgebildet werden.

( ) Rudern
( ) Kugelstoßen
( ) Speerwurf
( ) Gewichtheben
( ) Turnen/Seitenpferd
( ) Hürdenlauf
( ) Golf
( ) Eishockey
( ) Fechten
( ) Schießen
( ) Skispringen
( ) Sprint
( ) Turnen/Barren
( ) Handball
( ) Segelflug
( ) Ringen
( ) Springreiten
( ) Rugby
( ) Radrennen
( ) Volleyball
( ) Stabhochsprung
( ) Turnen/Pferd
( ) Pferdepolo
( ) Fußball
( ) Turnen/Ringe
( ) Galopprennen
( ) Bogenschießen
( ) Basketball
( ) Hochsprung
( ) Tennis
( ) Boxen
( ) Judo
( ) Faustball
( ) Wasserball
( ) Eiskunstlauf
( ) Eisschnelllauf

Für jedes richtig erkannte Piktogramm gibt es 1 Punkt. Punkte:

Diese einfachen Zeichnungen nennt man „Piktogramme“. Die Bildsymbole findest du zum Beispiel häufig auf Bahnhöfen und Flughäfen. Identifiziere die 35 Bildsymbole, indem du jeweils die Nummer des Piktogramms rechts in die entsprechende Klammer schreibst. Beachte, dass 5 Piktogramme nicht dargestellt werden.

1

2

3

4

5

6

7

8

9

10

11

12

13

14

15

16

17

18

19

20

21

22

23

24

25
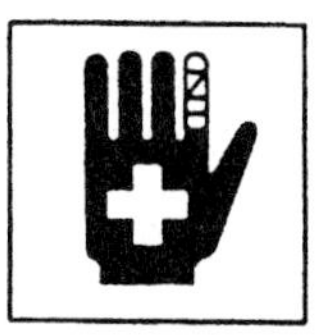
26

27

28

29

30

31

32

33

34

35

( ) Abflug
( ) Impfstation
( ) Ankunft
( ) Presseraum
( ) Fahrradservice
( ) Gepäckausgabe
( ) Bahnhof
( ) Geldwechsel
( ) Zollkontrolle
( ) Fluchtweg
( ) Telefonzelle
( ) Schließfächer
( ) Fundbüro
( ) Autobahnhof
( ) Toiletten
( ) Rollstuhlstellplatz
( ) Post
( ) Gepäckaufbewahrung
( ) Weiterflug
( ) Flughafenklinik
( ) Dutyfreeshop
( ) Taxi
( ) Hotelinformation
( ) Apotheke
( ) Bahnpolizei
( ) Warteraum
( ) Information
( ) Erste Hilfe
( ) Eingang verboten
( ) Parkplatz
( ) Bahnhofsmission
( ) Autovermietung
( ) Gepäckabfertigung
( ) Zahnarzt
( ) Schiffstransport
( ) Treffpunkt
( ) Caféshop
( ) Fahrstuhl
( ) Passkontrolle
( ) Rauchverbot

Für jedes richtig identifizierte Piktogramm gibt es 1 Punkt.	Punkte:

Diese einfachen Zeichnungen heißen „Piktogramme". Die Bildsymbole findest du zum Beispiel in Bahnhöfen und Flughäfen. Identifiziere die 40 Bildzeichen, indem du jeweils die Nummer des Piktogramms rechts in die entsprechende Klammer schreibst.

( ) Frisör
( ) Betraum
( ) Telefon
( ) Fähre
( ) Kino
( ) Studio
( ) Kasse
( ) Zahnarzt
( ) Theater
( ) Sauna
( ) Leseraum
( ) Fundbüro
( ) Fahrbahn
( ) Frachttor
( ) Buffet
( ) Tischtennis
( ) Spielzimmer
( ) Handwagen
( ) Autowäsche
( ) Keine Tiere
( ) Früchteverkauf
( ) Konferenzraum
( ) Notruftelefon
( ) Stehtoilette
( ) Waschraum
( ) Telegramm
( ) Autowerkstatt
( ) Feuerwehr
( ) Tabakladen
( ) Schlüsseldienst
( ) Campingplatz
( ) Treppe runter
( ) Ticketkontrolle
( ) Trinkwasser
( ) Umkleideraum
( ) Zimmermädchen
( ) Blumengeschäft
( ) Fahrzeugfluchtweg
( ) Fußgängerbrücke
( ) Zuschauerplätze

Für jedes richtig identifizierte Piktogramm gibt es 1 Punkt.	Punkte:

In den Kästen **A–F** siehst du jeweils 16 Buchstaben. Sie hängen alle an Fäden. Verfolge sie mit den Augen ohne die Hilfe eines Bleistifts und bringe die einzelnen Buchstaben entlang der Fäden in die leeren Kästen. Du kannst dann in Pfeilrichtung 6 Begriffe lesen.

A

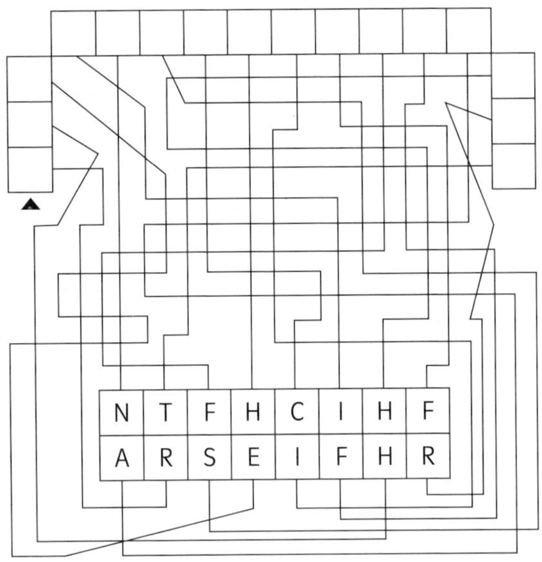

B

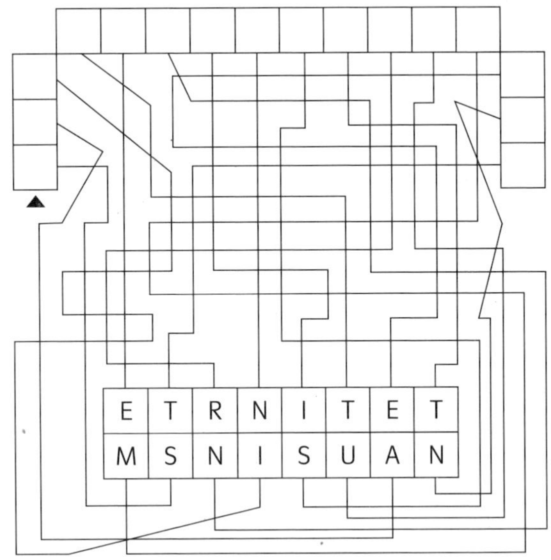

C

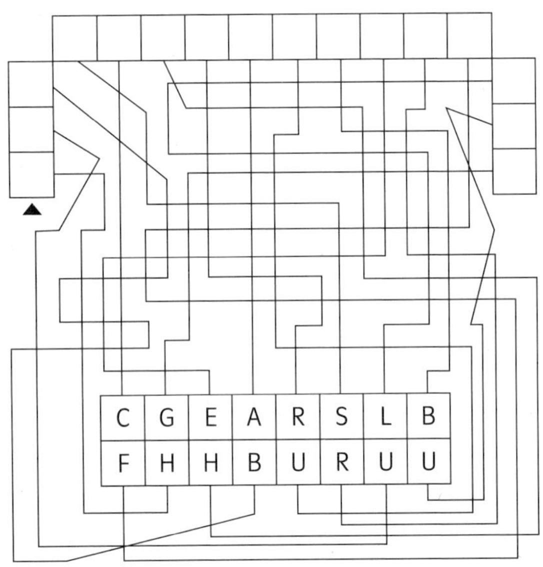

D

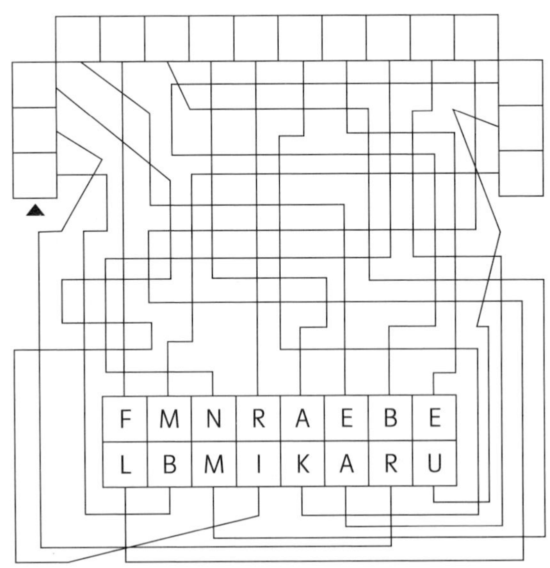

E

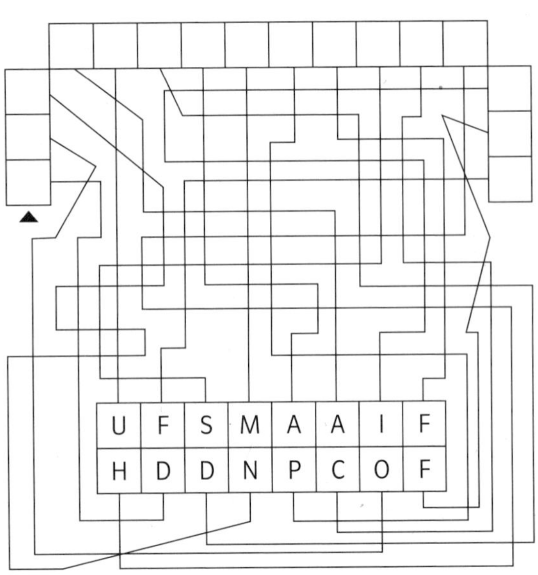

F

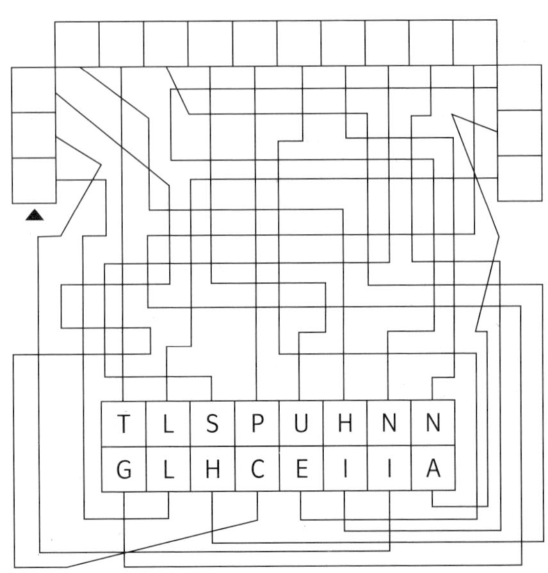

Für jeden gefundenen Begriff gibt es 5 Punkte. Punkte:

Folge den 49 Buchstaben an den Fäden nur mit den Augen. Schreibe die Buchstaben in Pfeilrichtung nacheinander in die Kästchen und du entdeckst zwei Wortketten, die bei **A** aus 3-buchstabigen und bei **B** aus 4-buchstabigen Wörtern bestehen. Beachte, dass dabei der Endbuchstabe zugleich der Anfangsbuchstabe des folgenden Wortes ist. Schreibe die Wörter rechts auf.

A

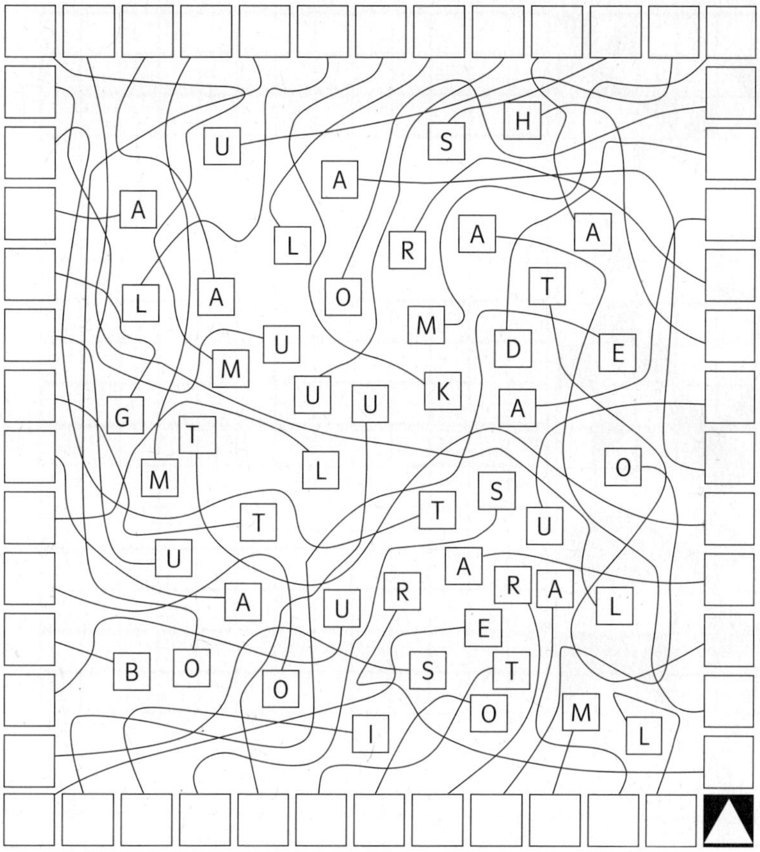

Rat, Tat

B

Für jede richtig ermittelte Wortkette gibt es 10 Punkte. Punkte:

A 50 Spiegelbilder

Ein Spiegelbild bildet immer ein Original (z. B. eine Figur) seitenverkehrt ab. Zeichne zu den folgenden beiden Mustern **(A/B)** mit Bleistift jeweils das Spiegelbild.

A

B

Für jedes genau gezeichnete Spiegelbild gibt es 10 Punkte. Punkte:

Hier siehst du vier verschiedene Arten geometrischer Figuren. Dabei zählt jeder Kreis eine 1, jedes Dreieck eine 2, jedes Quadrat eine 3 und jedes Rechteck eine 4. Addiere anschließend die einzelnen Zahlen gleicher Figuren und trage die verschiedenen Summen unten in die Tabelle ein.

Figuren	○	△	□	▭
Summen				

Für jede richtig ermittelte Summe gibt es 6 Punkte. Punkte:

Synonyme sind Wörter mit ähnlicher Bedeutung. Von den folgenden 66 Wörtern sind jeweils aus Spalte **A, B** und **C** drei synonym. Finde diese Dreiergruppen heraus und notiere unten die Lösung.

A	B	C
1. Bau	23. Stille	45. Strom
2. Erzeuger	24. Kordel	46. Kneipe
3. Aufführung	25. Vorstellung	47. Jux
4. Gegner	26. Ziel	48. Leine
5. Wut	27. Fluss	49. Darbietung
6. Friede	28. Hersteller	50. Kühle
7. Anfang	29. Restaurant	51. Tradition
8. Angst	30. Scherz	52. Produzent
9. Schnur	31. Zorn	53. Plan
10. Dampf	32. Krach	54. Nachricht
11. Absicht	33. Beginn	55. Ärger
12. Beifall	34. Mitteilung	56. Stelle
13. Gasthaus	35. Haus	57. Ruhe
14. Frost	36. Stoff	58. Sorge
15. Bach	37. Feind	59. Rivale
16. Platz	38. Sitte	60. Jubel
17. Spaß	39. Frische	61. Gewebe
18. Leid	40. Furcht	62. Gebäude
19. Tuch	41. Dunst	63. Rauch
20. Lärm	42. Applaus	64. Gedröhn
21. Brauch	43. Ort	65. Start
22. Information	44. Kummer	66. Schmerz

Lösung: 1 / 35 / 62; ______________________________

____

____

____

____

____

____

____

Für jede richtige Dreiergruppe gibt es 3 Punkte. Punkte:

Ordne den Wörtern (1–20) der Spalte **A** jeweils ein Wort der Spalte **B** und **C** mit ähnlicher Bedeutung zu. Notiere die Lösung wie im Beispiel.

A		B		C	
1.	Rand	21.	Schimpf	41.	Tor
2.	Gruppe	22.	Dreck	42.	Sorge
3.	Macht	23.	Mahl	43.	Haufen
4.	Essen	24.	Gurt	44.	Ruhm
5.	Schande	25.	Schlaufe	45.	Schlinge
6.	Schleife	26.	Ruhe	46.	Lücke
7.	Tadel	27.	Gebäude	47.	Schweigen
8.	Pforte	28.	Beifall	48.	Kraft
9.	Botschaft	29.	Umschlag	49.	Neuheit
10.	Angst	30.	Saum	50.	Gelöbnis
11.	Haus	31.	Entdeckung	51.	Hütte
12.	Hülle	32.	Leitung	52.	Verruf
13.	Schmutz	33.	Nachricht	53.	Riemen
14.	Kabel	34.	Furcht	54.	Staub
15.	Gürtel	35.	Schwur	55.	Kante
16.	Stille	36.	Schar	56.	Mitteilung
17.	Lob	37.	Verweis	57.	Draht
18.	Öffnung	38.	Loch	58.	Imbiss
19.	Erfindung	39.	Stärke	59.	Verpackung
20.	Eid	40.	Tür	60.	Rüge

Rand – Saum – Kante;

Für jede richtige Zuordnung gibt es 2 Punkte. Punkte:

Ähnliche Adjektive

Ordne den Adjektiven (1–20) der Spalte **A** jeweils ein Eigenschaftswort der Spalte **B** und **C** mit ähnlicher Bedeutung zu. Notiere die Lösung wie im Beispiel.

A	B	C
1. böse	21. hart	41. schlaff
2. fein	22. schnell	42. gescheit
3. fest	23. mächtig	43. heiter
4. heiß	24. schweigsam	44. fahl
5. still	25. elend	45. dünn
6. flink	26. bleich	46. reinlich
7. tüchtig	27. wahr	47. spröde
8. faul	28. furchtlos	48. stumm
9. müde	29. übel	49. kühn
10. klug	30. rau	50. nett
11. blass	31. träge	51. starr
12. echt	32. hübsch	52. riesig
13. groß	33. zart	53. rasch
14. arm	34. brüchig	54. schroff
15. rein	35. matt	55. besitzlos
16. mutig	36. warm	56. schlecht
17. froh	37. fähig	57. wirklich
18. grob	38. fröhlich	58. tauglich
19. zerbrechlich	39. schlau	59. nachlässig
20. schön	40. sauber	60. schwül

böse, übel, schlecht;

Für jede richtige Zuordnung gibt es 2 Punkte.	Punkte:

Welches Verb unten im Kasten passt zu welchem Nomen (1–40)? Sieh dir dazu das Beispiel an.

1. Noten	lesen	21. Platz	______
2. Krawatte	______	22. Weichen	______
3. Klavier	______	23. Leid	______
4. Richtung	______	24. Not	______
5. Zahn	______	25. Genick	______
6. Bleistift	______	26. Mut	______
7. Stab	______	27. Hunger	______
8. Glocke	______	28. Recht	______
9. Rätsel	______	29. Haus	______
10. Teig	______	30. Durst	______
11. Rede	______	31. Punkt	______
12. Beifall	______	32. Geld	______
13. Wunden	______	33. Hass	______
14. Steine	______	34. Zeit	______
15. Zähne	______	35. Rat	______
16. Streit	______	36. Alarm	______
17. Reise	______	37. Maß	______
18. Takt	______	38. Verlosung	______
19. Nutzen	______	39. Belohnung	______
20. Widerstand	______	40. Lob	______

binden – putzen – leisten – spenden – machen – stellen – kneten – verdienen – halten – wechseln – geben – klopfen – spenden – heilen – schlagen – säen – schlichten – beweisen – bringen – ziehen – ertragen – lindern – halten – teilnehmen – antreten – raten – leiden – brechen – ~~lesen~~ – spielen – behalten – aussetzen – hüten – stillen – spitzen – brechen – läuten – setzen – gewinnen – schlagen

Für jedes richtig zugeordnete Verb gibt es 1 Punkt. Punkte:

Finde jeweils ein Wort zu den Wortpaaren (1–23), das zu den beiden Begriffen eine eindeutige Beziehung hat. So ist zum Beispiel ein „Ball" ein Wort für „Tanz", aber auch für ein „Spielzeug".

1. Tanz/Spielzeug: Ball (Musik, Puppe, **Ball,** Tango)
2. Baum/Knochen: ______ (Nadel, Kiefer, Schädel, Krone)
3. Gebirge/Grenze: ______ (Gipfel, Land, Berg, Pass)
4. Kind/Schraube: ______ (Mutter, Fabrik, Spiel, Metall)
5. Schule/Steiggerät: ______ (Lehrer, Leiter, Dach, Beamter)
6. Landwirt/Käfig: ______ (Feld, Gitter, Bauer, Vogel)
7. Lenker/Abgabe: ______ (Auto, Finanzamt, Benzin, Steuer)
8. Mond/Gerät: ______ (Himmel, Sichel, Unkraut, Sonne)
9. Tür/Herr: ______ (Haus, Pforte, Graf, Schloss)
10. Bucht/Rasenspiel: ______ (Meer, Golf, Sport, Schläger)
11. Baum/Zahn: ______ (Wipfel, Schmuck, Krone, König)
12. Seil/Niederschlag: ______ (Tau, Schiff, Regen, Berg)
13. Vogel/Gehörloser: ______ (Nest, Taube, Blinder, Schnabel)
14. Mensch/Tür: ______ (Pforte, Narr, Öffnung, Tor)
15. Haus/Feld: ______ (Gebäude, Fliese, Flur, Raum)
16. Zweig/Getreide: ______ (Reis, Ast, Nahrung, Anbau)
17. Klang/Lehm: ______ (Laut, Ton, Musik, Masse)
18. Vogel/Film: ______ (Person, Fußball, Star, Nest)
19. Stoff/Tierhaltung: ______ (Pferde, Leinen, Kleidung, Futter)
20. Hand/Gesetze: ______ (Seite, Rechte, Verdauung, Arm)
21. Schutz/Kopf: ______ (Obhut, Herr, Hut, Vorsicht)
22. Vogel/Blumen: ______ (Steppe, Rosen, Strauß, Afrika)
23. Wunde/Bild: ______ (Stich, Verletzung, Kunst, Brust)
24. Haare/Gebirge: ______ (Gerät, Kamm, Wind, Höhe)
25. Rüstung/Gewässer: ______ (Waffe, Fluss, Wehr, Widerstand)
26. Rundholz/Futter: ______ (Stall, Fleisch, Mast, Stange)
27. Kopfbedeckung/Schutz: ______ (Kappe, Sorge, Zaun, Hut)

Für jede richtig erkannte „Beziehung" gibt es 2 Punkte.	Punkte:

„Wort und Sprache" und „Ton und Musik" kannst du mit miteinander vergleichen, weil die beiden Wortpaare ein ähnliches Verhältnis zueinander bilden.
Ergänze die folgenden Wortpaare mit dem jeweils richtigen Begriff. Die fehlenden Wörter findest du rechts, aber sie sind vertauscht worden.

1. Insel und Meer → Oase und Wüste
2. Haut und Körper → Schale und ______
3. Sängerin und Schlager → Fotograf und ______
4. Bohrer und Werkzeug → Jacke und ______
5. Rinde und Baum → Schale und ______
6. Vogel und Nest → Fisch und ______
7. Milch und Butter → Weizenkorn und ______
8. Knopf und Bluse → Riegel und ______
9. Kuh und Milch → Henne und ______
10. Bach und Fluss → Weg und ______
11. Ganzes und Teil → Hotel und ______
12. Gabel und Heu → Löffel und ______
13. Wasser und Schiff → Straße und ______
14. Nase und Geruch → Ohr und ______
15. Früchte und Korb → Wasser und ______
16. Herbst und Alter → Frühling und ______
17. Blatt und Eiche → Nadel und ______
18. Fläche und Körper → Punkt und ______
19. Winter und Schnee → Sommer und ______
20. Blume und Stängel → Baum und ______
21. Luft und Wasser → Vogel und ______
22. Seite und Heft → Saite und ______

Schall, Geige, Kleidungsstück, Suppe, Linie, Aquarium, Birne, Stamm, ~~Wüste~~, Mehl, Ei, Jugend, Straße, Fichte, Ei, Foto, Zimmer, Eimer, Fisch, Auto, Tor, Regen

Für jedes richtig ergänzte Wortpaar gibt es 2 Punkte. Punkte:

Wortproportionen 2

„Trompete und blasen" und „Klavier und spielen" kannst du miteinander vergleichen, weil die Wortpaare ein ähnliches Verhältnis zueinander bilden.
Ergänze die folgenden Wortpaare mit dem richtigen Verb. Es steht jeweils rechts, ist aber vertauscht worden.

1. Holz und ______________________ → Stoff und schneiden
2. Trommel und schlagen → Posaune und ______________________
3. Frösche und ______________________ → Grillen und zirpen
4. Fahrrad und fahren → Flugzeug und ______________________
5. Buchstaben und ______________________ → Zahlen und rechnen
6. Hitze und schwitzen → Frost und ______________________
7. Pferd und ______________________ → Fahrrad und fahren
8. Bett und liegen → Stuhl und ______________________
9. Gewicht und ______________________ → Länge und messen
10. Tauben und gurren → Raben und ______________________
11. Freude und ______________________ → Trauer und weinen
12. Handball und werfen → Fußball und ______________________
13. Bogen und ______________________ → Kugel und rollen
14. Auge und blicken → Ohr und ______________________
15. Durst und ______________________ → Hunger und essen
16. Tat und beweisen → Buchung und ______________________
17. Salz und ______________________ → Zucker und süßen
18. Schaf und scheren → Hahn und ______________________
19. Nase und ______________________ → Zunge und schmecken
20. Sonne und scheinen → Regen und ______________________
21. Teppich und ______________________ → Schal und stricken
22. Fleiß und loben → Faulheit und ______________________

schießen
fallen
rupfen
lachen
trinken
spannen
reiten
krächzen
frieren
würzen
sitzen
belegen
tadeln
fliegen
blasen
schreiben
knüpfen
quaken
wiegen
riechen
sägen
hören

Für jedes richtig ergänzte Verb gibt es 2 Punkte. Punkte:

„Zug und Fahrgast" sowie „Kino und Besucher" kannst du miteinander vergleichen. Ergänze die folgenden Wortpaare mit dem jeweils richtigen Nomen. In den Klammern werden dir je drei „Lösungswörter" zur Auswahl angeboten.

1. Haus und Treppe → Fluss und ________ (Quelle, Schleuse, Wasser)
2. Mensch und Bein→ Baum und ________ (Ast, Blatt, Wurzel)
3. Berg und Tal → Höhe und ________ (Tiefe, Breite, Länge)
4. Melodie und Ton → Gemälde und ________ (Rahmen, Farbe, Haken)
5. Knoten und Faden → Zopf und ________ (Kamm, Schleife, Haar)
6. Täter und Gefängnis → Löwe und ________ (Käfig, Futter, Wärter)
7. Kurve und Kreis → Gerade und ________ (Bogen, Dreieck, Punkt)
8. Minute und Zeit → Meter und ________ (Länge, Sekunde, Fläche)
9. Wort und Buchstabe → Zahl und ________ (Silbe, Wert, Ziffer)
10. Ohr und Geräusch → Zunge und ________ (Mund, Geschmack, Bläschen)
11. Schaf und Herde → Wolf und ________ (Gruppe, Rudel, Schar)
12. Stute und Hengst → Ricke und ________ (Reh, Hirsch, Rehbock)
13. Braut und Bräutigam → Gemahlin und ________ (Gemahl, Mann, Vetter)
14. Pinsel und Farbe → Besteck und ________ (Gabel, Teller, Speise)
15. Kasse und Geld → Kochtopf und ________ (Deckel, Suppe, Ofen)
16. Schnabel und Ente → Rüssel und ________ (Biene, Pferd, Kuh)
17. Regen und Schirm → Sonne und ________ (Bräune, Sonnenbrille, Creme)
18. Vogel und Federn → Schaf und ________ (Fell, Stall, Wolle)
19. Straße und Stadt → Rollbahn und ________ (Tower, Pilot, Flugplatz)
20. Buch und Seite → Kette und ________ (Glied, Stahl, Fessel)
21. Mehl und Brot → Fleisch und ________ (Rind, Wurst, Futter)
22. Himmel und Wolke → Erde und ________ (Sonne, Berge, See)
23. Garten und Wiese → Stuhl und ________ (Sessel, Tisch, Schrank)
24. Palast und Reichtum → Hütte und ________ (Dach, Armut, Einsamkeit)

Für jede richtig ergänzte Wortproportion gibt es 2 Punkte.	Punkte:

A 60 Wortgleichungen

„Fähre und Fluss“ sowie „Eisenbahn und Schiene“ kannst du miteinander vergleichen, weil sie ein ähnliches Verhältnis zueinander bilden.
Ergänze die folgenden Wortpaare mit dem jeweils richtigen Begriff. Die fehlenden Wörter findest du rechts.

1.	Pinsel und ________________	→ malen und zeichnen
2.	lernen und lehren	→ ________________ und Lehrer
3.	kämmen und ________________	→ striegeln und Fell
4.	________________ und rollen	→ Mensch und gehen
5.	Vogel und fliegen	→ ________________ und schwimmen
6.	hell und dunkel	→ Tag und ________________
7.	Alt und ________________	→ Greis und Kind
8.	________________ und Hose	→ Mehl und Kuchen
9.	Leiter und Treppe	→ ________________ und Stufe
10.	Schlüssel und ________________	→ Lösung und Problem
11.	Schnitzer und Holz	→ Bildhauer und ________________
12.	________________ und Jubel	→ Niederlage und Trauer
13.	Bus und Fahrgast	→ ________________ und Besucher
14.	Teich und ________________	→ Seite und Rand
15.	Bohrer und Loch	→ Nadel und ________________
16.	________________ und Rabe	→ Möbel und Tisch
17.	Haare und schneiden	→ ________________ und mähen
18.	Schnee und Lawine	→ Wasser und ________________
19.	________________ und Schlaf	→ Durst und Wasser
20.	Öl und ________________	→ Nahrung und Mensch
21.	Mensch und Haus	→ ________________ und Höhle
22.	________________ und Luftdruck	→ Felge und Speiche
23.	Belohnung und Jubel	→ Strafe und ________________
24.	Traum und Wirklichkeit	→ ________________ und Bericht

- Tränen
- Nacht
- Stift
- Märchen
- Schüler
- Stich
- Haare
- Luft
- Jung
- Stein
- Stoff
- Kino
- Vogel
- Sprosse
- Kugel
- Gras
- Sieg
- Schloss
- Fisch
- Ufer
- Müdigkeit
- Fuchs
- Flamme
- Überschwemmung

Für jedes richtig ergänzte Wortpaar gibt es 2 Punkte.	Punkte:

Zeichenpaare wie △ : △ sowie □ : □ kannst du miteinander vergleichen, weil sie ein ähnliches Verhältnis (z. B. „groß : klein") zueinander bilden. Ergänze die folgenden Zeichenpaare mit dem jeweils fehlenden Symbol.

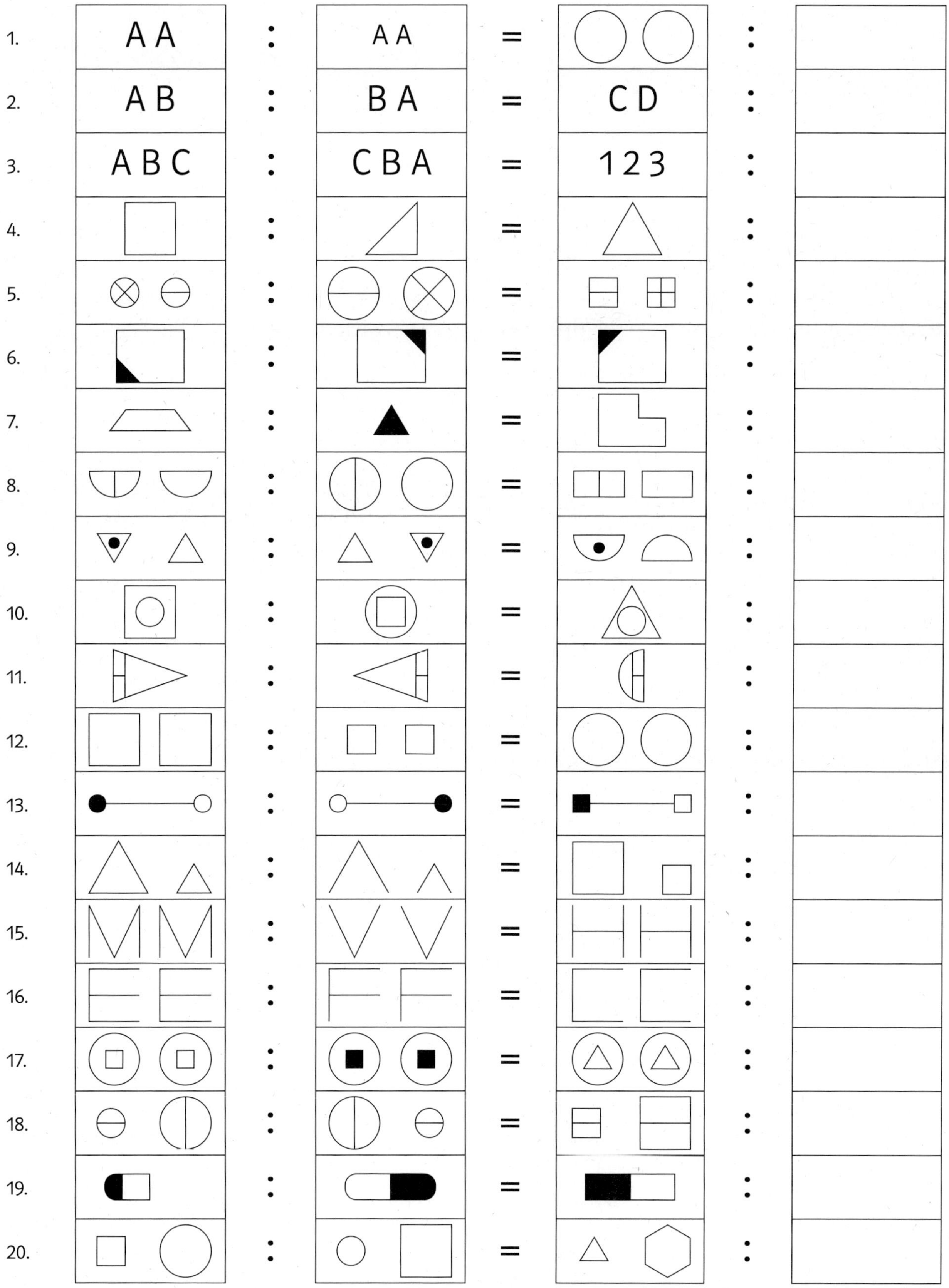

Für jedes ergänzte Zeichenpaar gibt es 2 Punkte. Punkte:

Buchstabenfolgen 1

Diese 20 Buchstabenreihen bestehen aus „Dreierpäckchen“, die nach einer bestimmten Regel aufgebaut sind. Die letzte Buchstabengruppe **(e)** fehlt. Ergänze sie.

	a	b	c	d	e
1.	AAA	BBB	CCC	DDD	______
2.	AAB	BBC	CCD	DDE	______
3.	ABC	DEF	GHI	JKL	______
4.	CBA	FED	IHG	LKJ	______
5.	ABD	EFH	IJL	MNP	______
6.	ZYX	WVU	TSR	QPO	______
7.	AAB	CCD	EEF	GGH	______
8.	XYZ	UVW	RST	OPQ	______
9.	ACD	EGH	IKL	MOP	______
10.	EFG	HIJ	KLM	NOP	______
11.	ABC	FGH	KLM	PQR	______
12.	ABZ	CDY	EFX	GHW	______
13.	ZZY	XXW	VVU	TTS	______
14.	AZY	BXW	CVU	DTS	______
15.	FgH	IjK	LmN	OpQ	______
16.	ACB	DFE	GIH	JLM	______
17.	OOQ	PPR	QQS	RRT	______
18.	ACE	BDF	CEG	DFH	______
19.	ZYX	UTS	PON	KJI	______
20.	ABC	EFG	IJK	OPQ	______

Für jede richtig ergänzte Buchstabenfolge gibt es 4 Punkte.	Punkte:

Diese 20 Buchstabenreihen bestehen aus „Viererpäckchen", die nach einer bestimmten Regel aufgebaut sind. Eine der Buchstabengruppe ist aber in jeder Reihe (1–20) falsch. Kreise sie ein und schreibe die richtige Buchstabenfolge rechts auf.

	a	b	c	d	e	
1.	AbCd	EfGh	IjKL	MnOp	QrSt	IjKl
2.	BBAC	DDCC	FFEE	HHGG	JJII	
3.	AAAB	CCCD	EEFF	GGGH	IIIJ	
4.	AbcA	AdeB	CfgC	DhiD	EjkE	
5.	AXYB	CXYD	EXYF	GXyH	IXYJ	
6.	AbZY	CdXW	EfVU	GhTS	IjpQ	
7.	ZYXV	VUTS	RQPO	NMLK	JIHG	
8.	Zyxa	Wvue	Tsrc	Qpod	Nmle	
9.	EFGh	IJKl	MNOP	QRSt	UVWx	
10.	VuTS	RqPO	NmLK	JiHG	FeDZ	
11.	ABCE	FGIJ	KLNO	PRST	UVXY	
12.	VBCD	VEGH	VJKL	VNOP	VRST	
13.	ZYXA	VUTA	RQPA	NMKA	JIHA	
14.	ABcd	ABef	ABgh	ABij	ABkm	
15.	AABD	EACH	IABL	MABP	QABT	
16.	AAAb	BBBc	CCCd	DDEe	EEEf	
17.	DEBA	HGFE	LKJI	PONM	TSRQ	
18.	ABZY	CDXW	EGVU	GHTS	IJRQ	
19.	BCDE	GHIJ	LMNO	QRST	VWXZ	
20.	XBCY	XEGY	XJKY	XNOY	XRSY	

Für jede korrigierte Buchstabengruppe gibt es 2 Punkte. Punkte:

Wortfolge 1

Diese 24 Zeilen bestehen jeweils aus sechs Wörtern. Sie sind nach einer bestimmten Regel der Rechtschreibung und anderer Merkmale aufgebaut. Sieh dir deshalb jede Wortfolge genau an und ergänze das fehlende Wort.

1.	Staat	Seele		Beet	Paar	Schnee
2.	Mut	Huhn	Wut	Ruhm	Blut	
3.	Ball		Hall	Bett	Schall	Mett
4.		Stock	Speck	Rock	Dreck	Bock
5.	Name	Sahne		Fahne	Made	Jahre
6.	Auskunft	Stumpf	Vernunft		Ankunft	Dampf
7.	Volk	Foto	Vogel	Formel	Vater	
8.	Maß		Gruß	Fuß	Kloß	Schoß
9.		Pass	Kuss	Nuss	Biss	Riss
10.	Chemie	Melodie		Batterie	Kolonie	Akademie
11.	Brot	Schlot	Rot		Lot	Not
12.	Reis	Preis	Eis	Reise	Eimer	
13.		Grips	Mops	Schlips	Grips	Schnaps
14.	Taktik	Logik		Mimik	Gestik	Tabak
15.	Fibel		Liga	Titel	Rivale	Silber
16.	Villa	Wolle	Vase	Wurst		Wasser
17.	Kante	Falte	Tante		Lampe	Rache
18.	Erle	Elle	Elbe	Ecke	Erde	
19.		Mauer	Mutter	Maler	Messer	Muster
20.	Endpunkt		Endstation	Entwurf	Endlauf	Entspannung
21.	Erlebnis	Zeugnis		Geständnis	Verzeichnis	Gelöbnis
22.	Igel	Adel	Ufer		Esel	Ehe
23.		Yoga	Xanten	Westen	Vokal	Urne
24.	Arbeit		Café	Druck	Ertrag	Fach

Für jedes richtig ergänzte Wort gibt es 1 Punkt. Punkte:

Diese 24 Zeilen bestehen jeweils aus sechs Wörtern. Sie sind nach einer bestimmten Regel („Folge") aufgebaut. Deshalb sieh dir jede Reihe genau an und ergänze den fehlenden Begriff.

1.	Januar	Februar	Montag	März	April	
2.	Sohn		Bruder	Tochter	Lehrer	Tante
3.	Lob	Tadel		Ende	Ruhe	Lärm
4.	Fahne	Flagge	Naht	Saum	Ende	
5.	Späher	Spion	Nachricht		Frist	Termin
6.	Haus		Treppe	Stufe	Rad	Felge
7.	Regen	Wachstum	Lineal	Zeichnung	Radio	
8.		Wärme	Baustelle	Umleitung	Orkan	Verwüstung
9.	Bug	Schiff		Möbel	Sauerstoff	Luft
10.	Eis		Milch	Butter	Eisen	Säure
11.	Wein	Saft	Limonade	Likör	Bier	
12.		Wald	Salat	Beet	Rübe	Feld
13.	Mutter		Gemahl	Gattin	Graf	Gräfin
14.	Zither	Horn	Geige		Harfe	Posaune
15.	Onkel	Verwandte	Teich	Gewässer		Insekt
16.	Euro	Währung		Metall	Hut	Kopfbedeckung
17.	Storch		Ente	Reh	Kuh	Pferd
18.	Gold	Silber	Platin	Zink	Kupfer	
19.		Nacht	Mut	Angst	Segen	Fluch
20.	Fichte	Tanne	Kiefer		Buche	Eiche
21.	Auto	Straße	Schiff	Fluss	Bahn	
22.	Kopf	Haupt	Mahl	Gericht		Gedanke
23.	Ameise	Bär	Chamäleon		Elefant	Fuchs
24.	Kind	Kegel	Land	Leute	Nacht	

Für jedes richtig ergänzte Wort gibt es 1 Punkt. Punkte:

Zeichenfolge 1

Diese Tabelle besteht aus 20 Reihen mit jeweils einer Zeichenfolge. Jede Reihe ist nach einer bestimmten Regel („logisch“) aufgebaut. Sieh dir die Reihen genau an und überlege, wie sie fortgesetzt werden. Füge jeweils das letzte Zeichen hinzu.

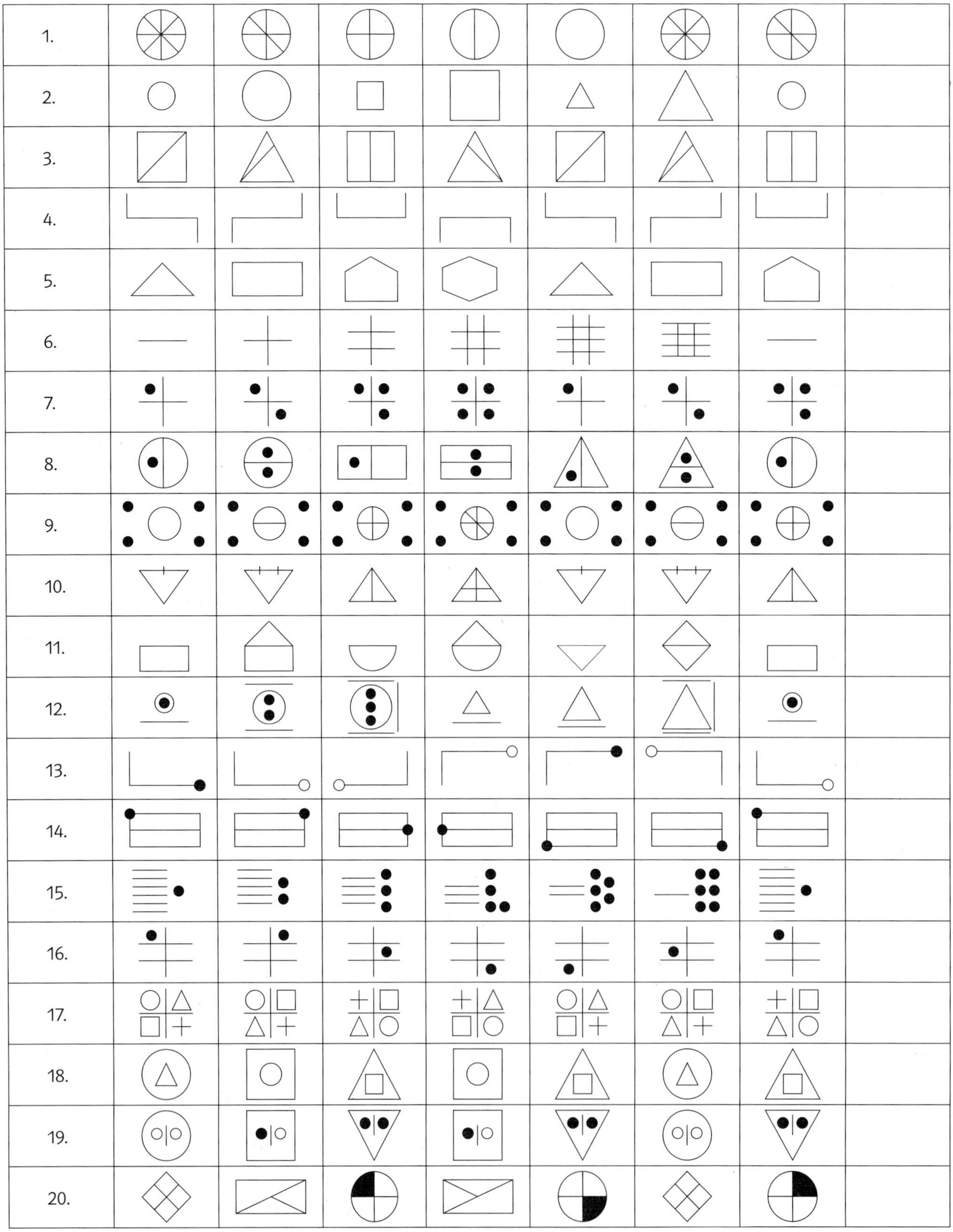

Für jede richtig ergänzte Zeichenfolge gibt es 2 Punkte.	Punkte:

Jeder dieser 21 Kästen ist nach einer bestimmten Regel („logisch") aufgebaut. Überlege, wie das jeweils fehlende Symbol aussehen muss. Ergänze es mit einem Bleistift.

1.
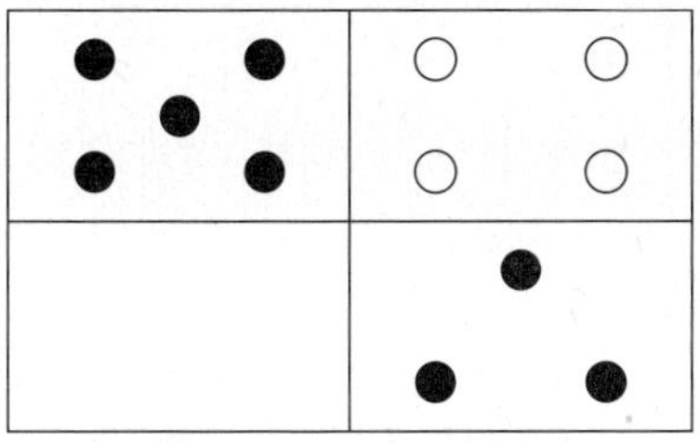

2.
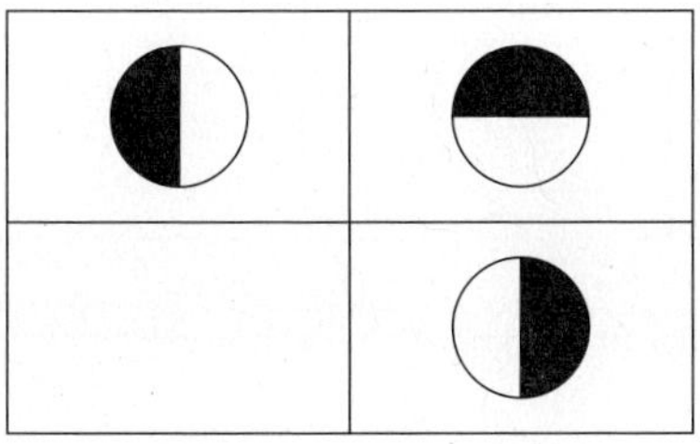

3.
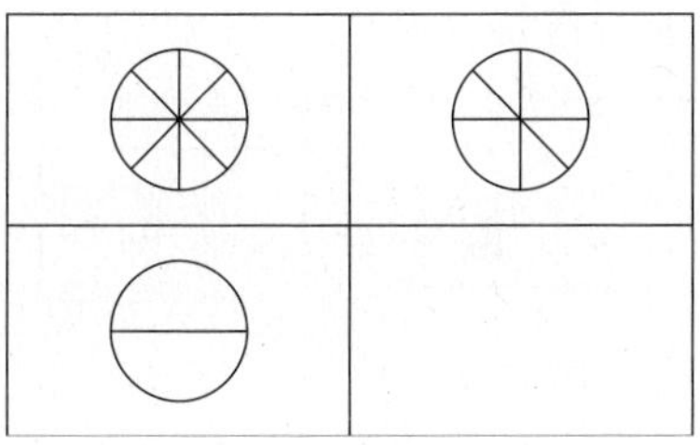

4.
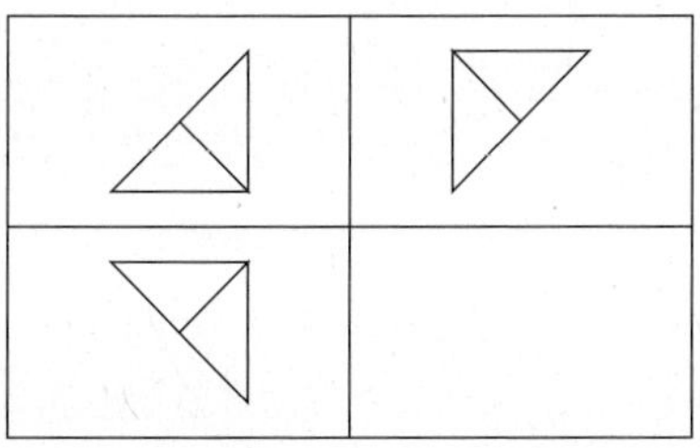

5.
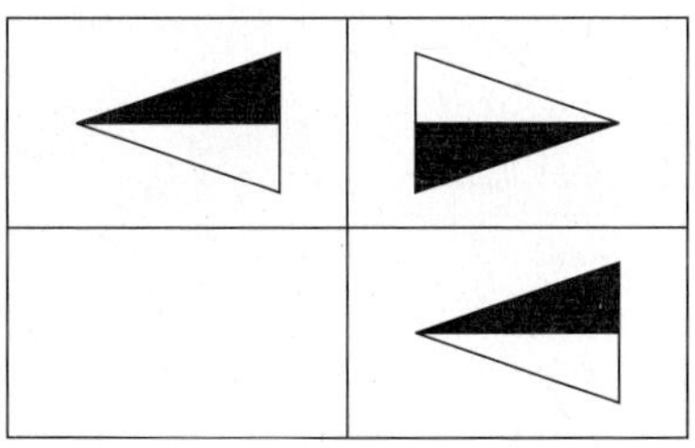

6.
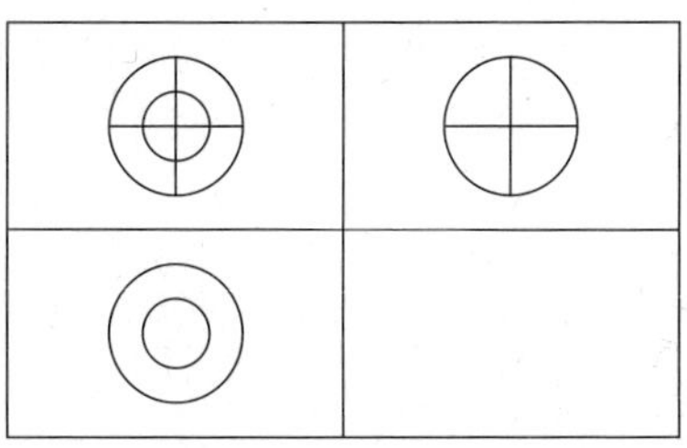

7.
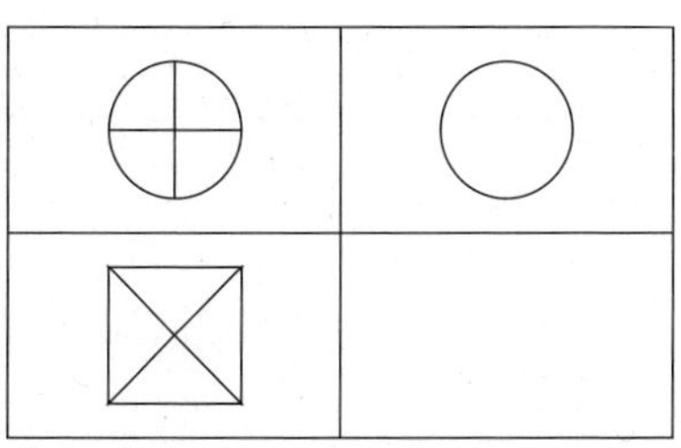

8.
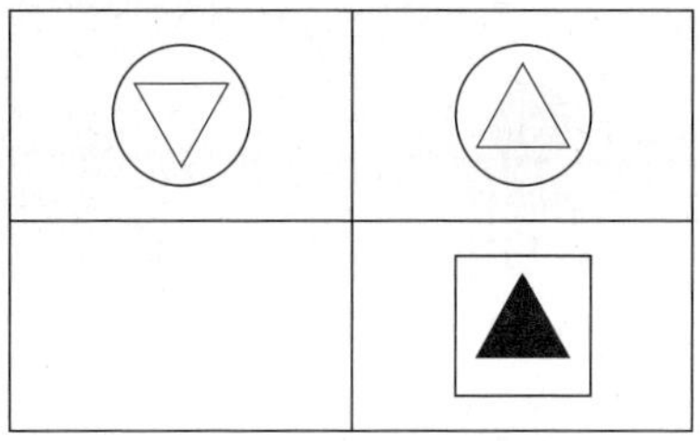

9.
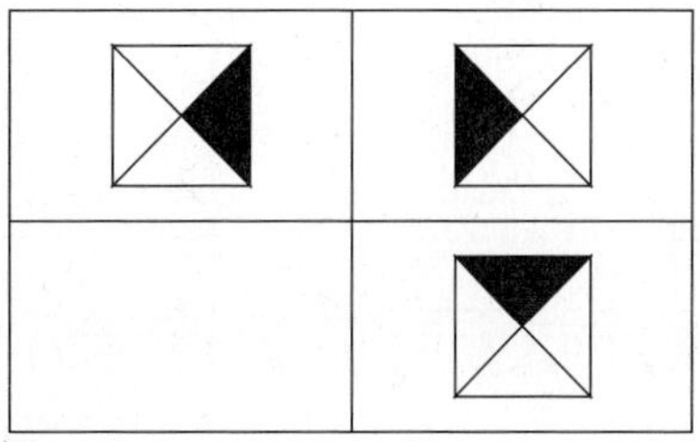

10.
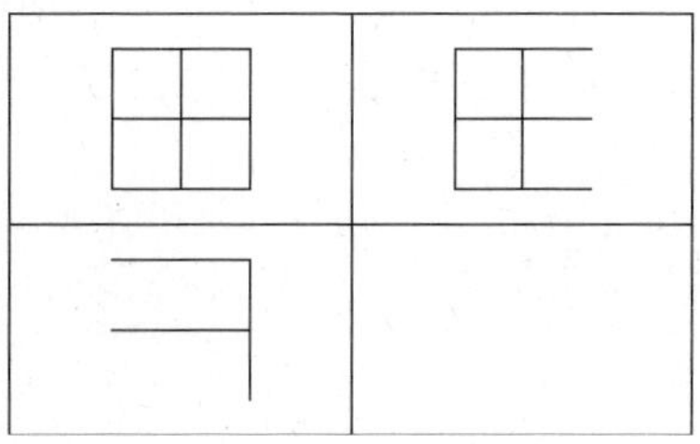

11.
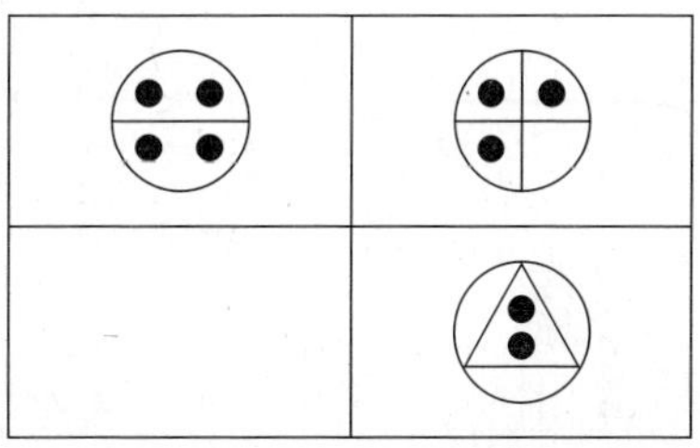

12.
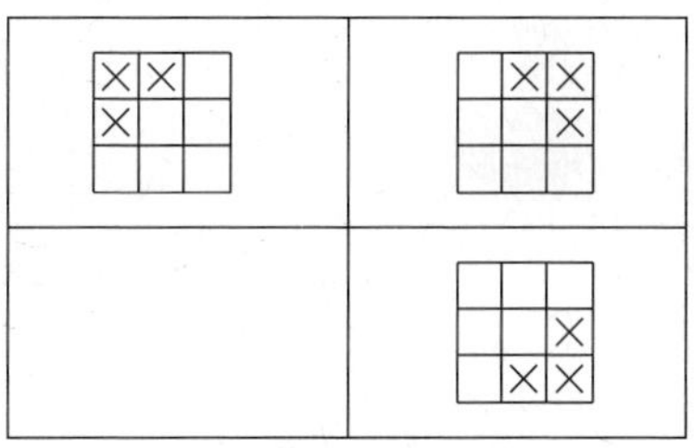

13.
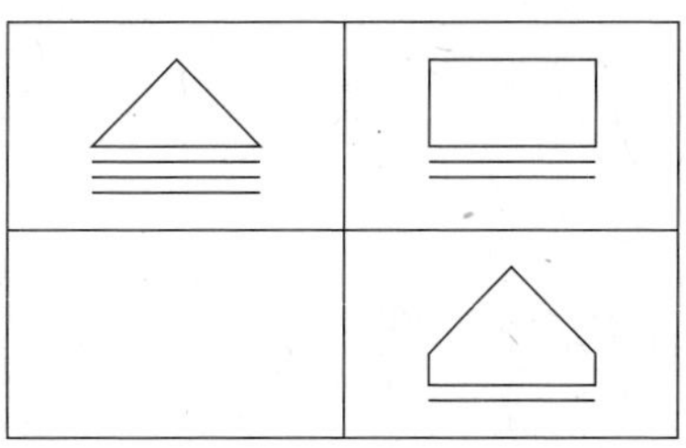

14.
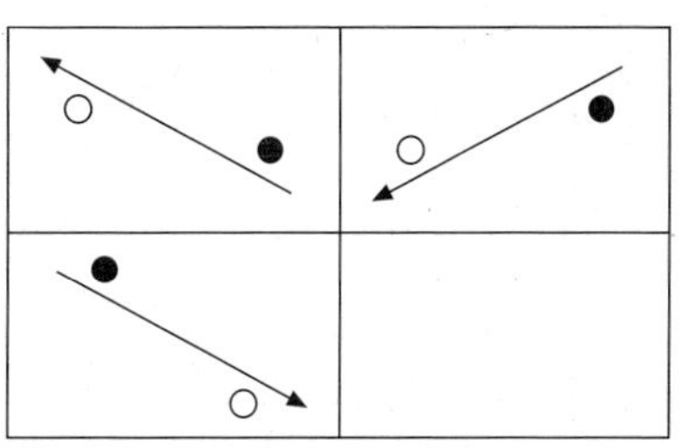

15.
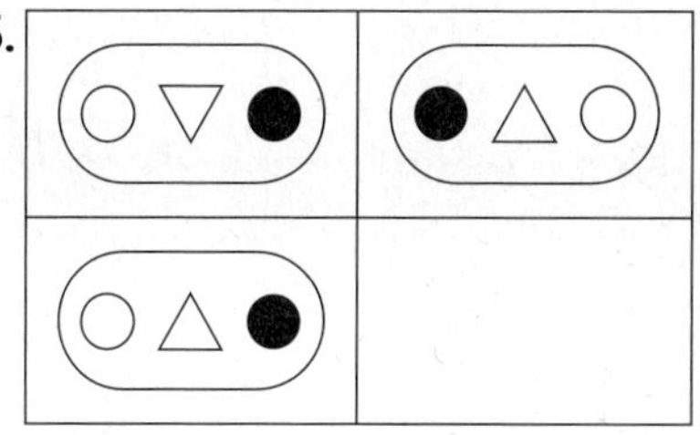

16.
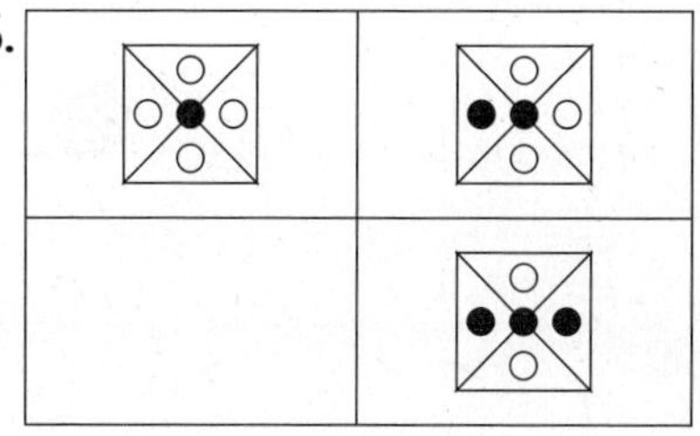

17.
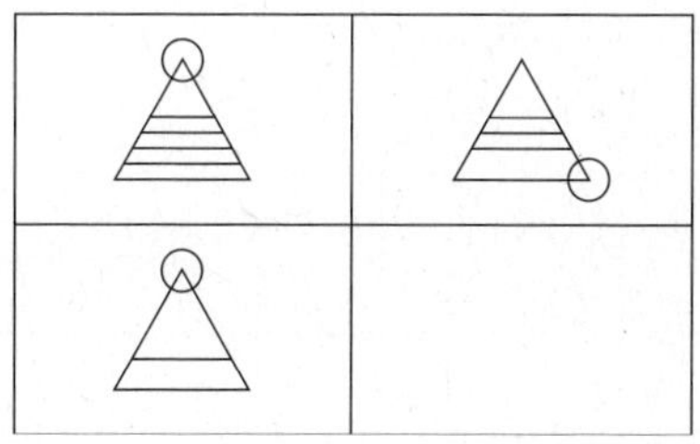

18.
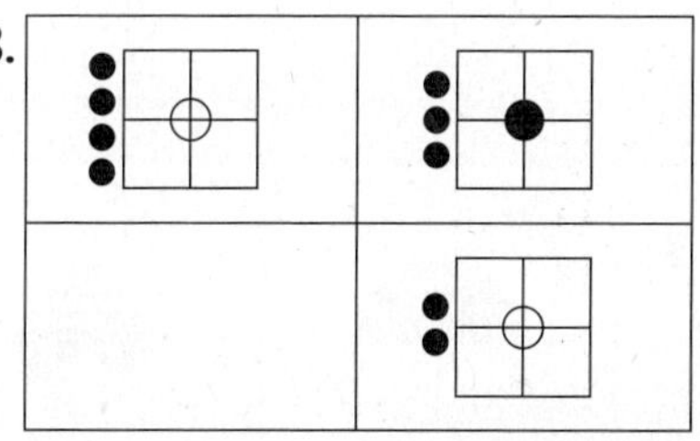

19.
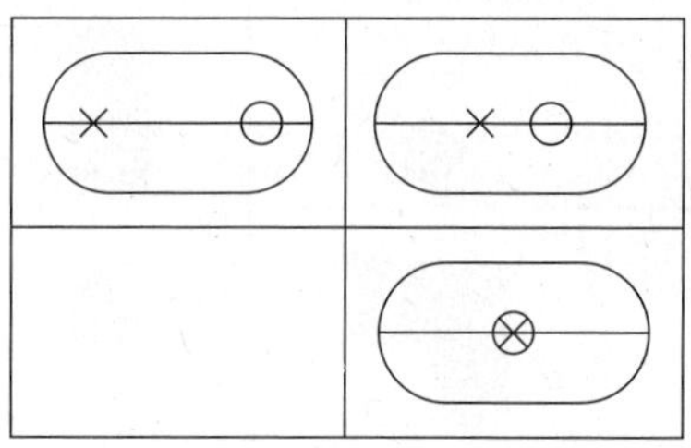

20.
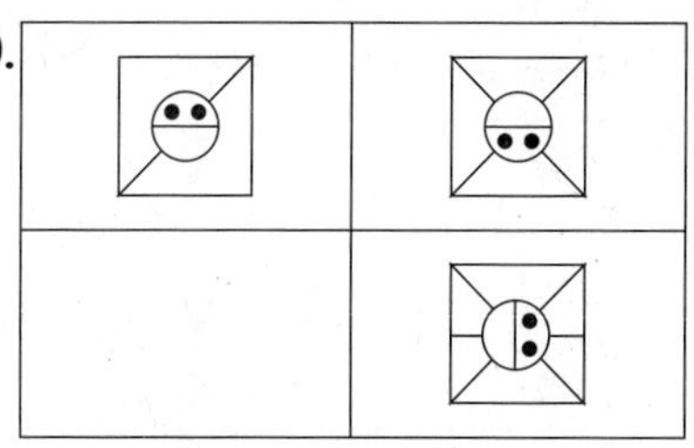

21.
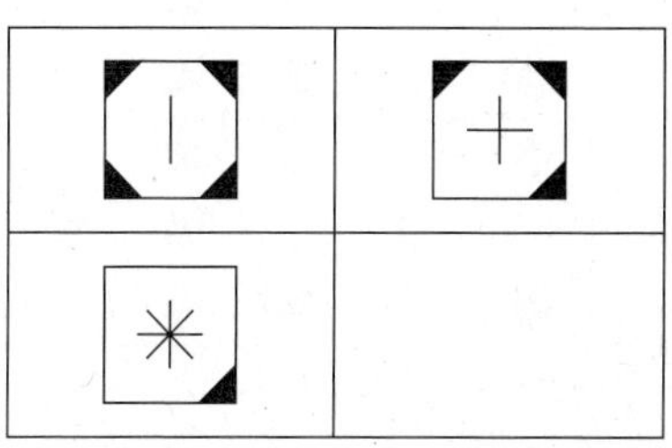

Für jede richtig ergänzte Folge gibt es 2 Punkte.	Punkte:

Jeder dieser 8 Kästen enthält eine Zeichenfolge, die nach einer bestimmten Regel („logisch“) aufgebaut ist. Überlege, wie das jeweils fehlende Zeichen aussehen muss. Füge es mit einem Bleistift hinzu.

1

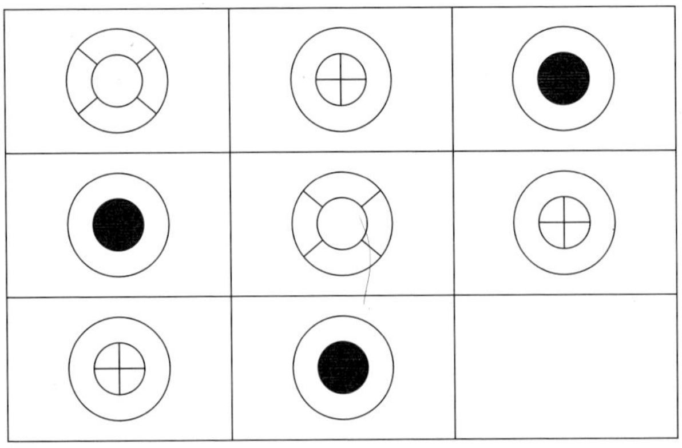

2

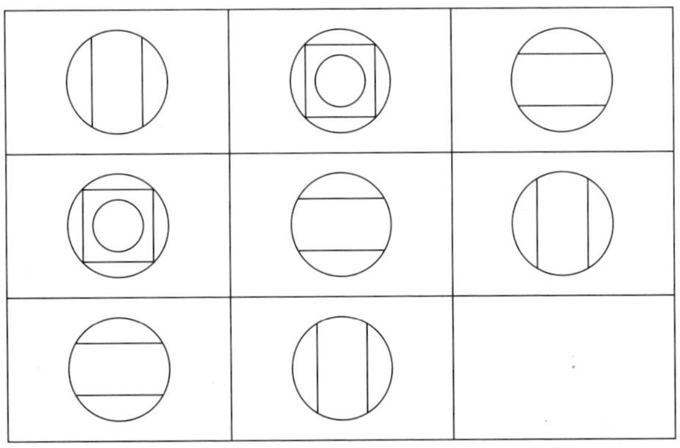

3

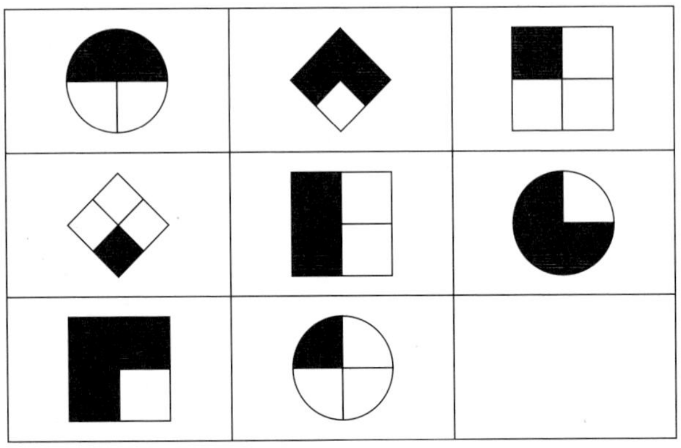

4

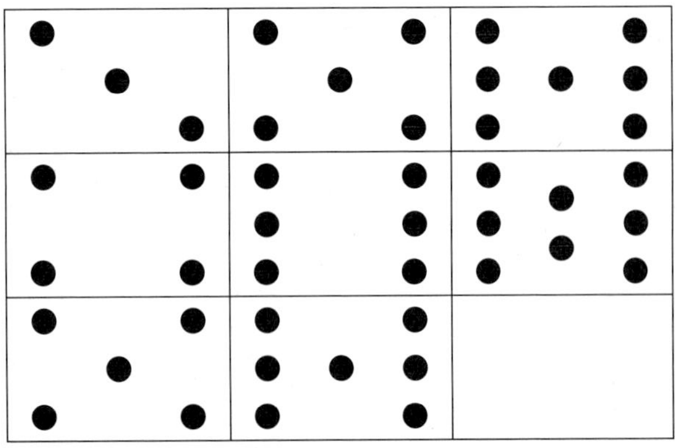

5

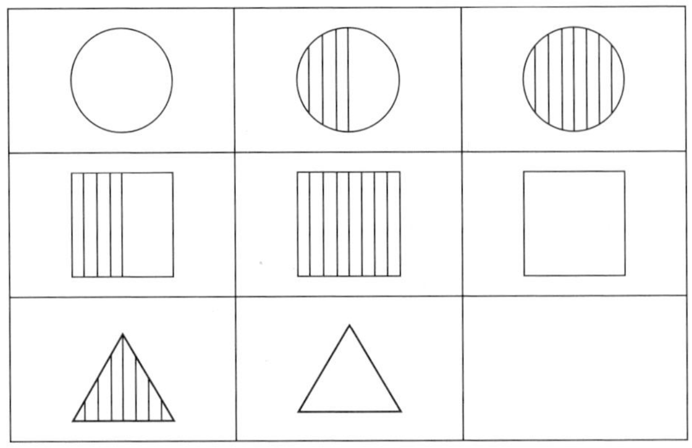

6

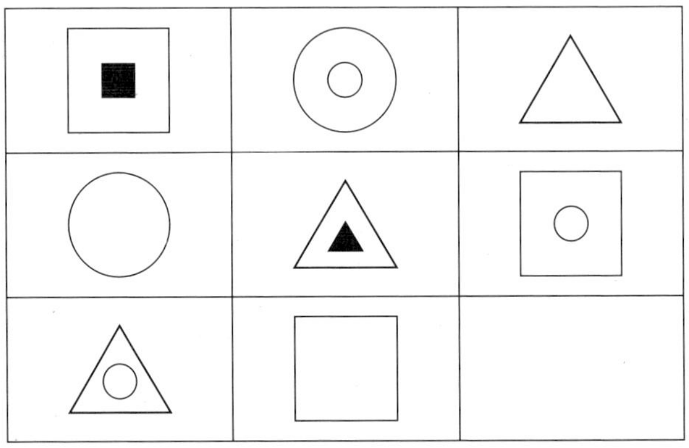

7

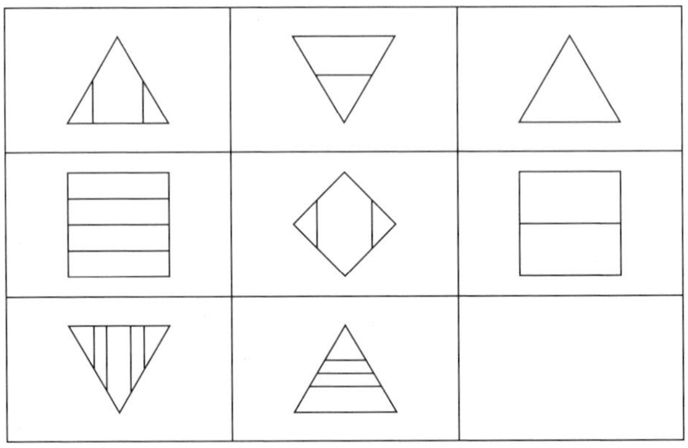

8

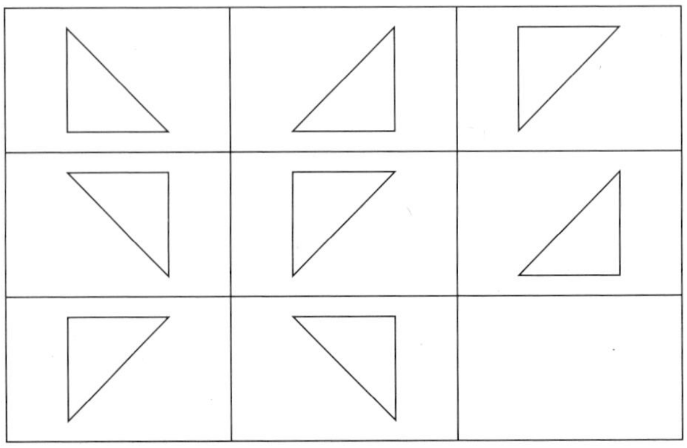

Für jede richtig ergänzte Folge gibt es 5 Punkte. Punkte:

Oberbegriffe fassen mehrere Wörter zusammen. So sind zum Beispiel See, Fluss und Teich „Gewässer“. Ordne den Oberbegriffen (1–24) aus dem rechts stehenden Angebot je drei passende Wörter zu.

1. Körperteile
   Arm, Bein, Kopf
2. Sinnesorgane
3. Rohstoffe
4. Städte
5. Barrieren
6. Währungen
7. Ballspiele
8. Turngeräte
9. Schuhsorten
10. Genussmittel
11. Backwaren
12. Bekleidungsstoffe
13. Warnsignale
14. Berufe
15. Gebäude
16. Raummaße
17. Nutztiere
18. Rückstände
19. Schmuck
20. Behälter
21. Verkehrswege
22. Sitzmöbel
23. Geschirr
24. Medien

Kohle, Elektriker, Fußball, Holzbank, Zeitung, Brünn, Sandalen, Ohr, Zaun, Ziege, Sofa, Auge, Reck, Länge, Erz, Samt, Nase, Fabrik, Radio, Kaffee, Topf, Schaf, Fernseher, Stiefel, Höhe, Tasse

Gitter, ~~Kopf~~, Skischuhe, Asche, Hochhaus, Zigarren, Tank, Leipzig, ~~Bein~~, Armband, Radpolo, Bäcker, Schwarzbrot, Seide, Sirene, Kirche, Kasten, Holz, Kanal, Straße, Hecke, Schiene

Schlacke, Rubel, Ringe, Leinen, Kanne, Hupe, Barren, Fingerring, Handball, Blinklicht, Halskette, Dollar, Gärtner, Krakau, Semmeln, ~~Arm~~, Nusstorte, Breite, Stroh, Kuh, Sessel, Tee, Teller, Euro

Für jede richtig zugeordnete Begriffsgruppe gibt es 2 Punkte.	Punkte:

Oberbegriffe 2

Oberbegriffe fassen mehrere Wörter zusammen. So sind zum Beispiel Neffe, Onkel und Tante „Verwandte". Ordne den jeweils drei Wörtern (1–24) aus dem unteren Kasten den richtigen Oberbegriff zu.

1. Boxen, Ringen, Heben	schwerathletische Sportarten	13. Tango, Samba, Walzer	
2. Bier, Sekt, Likör		14. Bluse, Jacke, Kleid	
3. Meter, Sekunde, Liter		15. Seife, Parfüm, Creme	
4. Gardine, Rollladen, Vorhang		16. Sonnenbrille, Schutzmaske, Schutzhelm	
5. Kreis, Dreieck, Quadrat		17. Lesebrille, Weitsichtbrille, Opernglas	
6. Bus, U-Bahn, Flugzeug		18. Waschmaschine, Kühlschrank, Wäschetrockner	
7. Sachregister, Wegweiser, Piktogramme		19. Bonbons, Praline, Schokolade	
8. Saft, Milch, Wasser		20. Riese, Kobold, Zwerg	
9. Islam, Christentum, Buddhismus		21. Nomen, Adjektiv, Verb	
10. Gerade, Strecke, Strahl		22. Bronchitis, Allergie, Malaria	
11. Fagott, Blockflöte, Oboe		23. Polnisch, Russisch, Tschechisch	
12. Klavier, Orgel, Spinett		24. Allee, Gasse, Pfad	

Maßeinheiten – geometrische Formen – Süßigkeiten – slawische Sprachen – alkoholfreie Getränke – Tänze – Tasteninstrumente – Oberbekleidung – Verkehrsmittel – ~~schwerathletische Sportarten~~ – Schutzvorrichtungen – Krankheiten – Wege – optische Geräte – alkoholische Getränke – Lichtschutz – Orientierungshilfen – Verbrauchsmittel – Weltreligionen – Märchenfiguren – Linien – Holzblasinstrumente – Wortarten – Gebrauchsgüter

Für jeden richtig zugeordneten Oberbegriff gibt es 2 Punkte. Punkte:

Diese 28 Wortgruppen bestehen aus jeweils vier Verben (a–d), die einander „ähnlich" sind. Ein Verb passt aber nicht zu den drei anderen. Streiche es durch und begründe deine Entscheidung.

1. a) kehren
   b) waschen
   c) kochen
   d) schrubben

2. a) schlafen
   b) schlummern
   c) verschnaufen
   d) abwarten

3. a) klatschen
   b) anhimmeln
   c) vergöttern
   d) schwärmen

4. a) flicken
   b) stopfen
   c) kleben
   d) besorgen

5. a) loben
   b) liebäugeln
   c) koketieren
   d) umwerben

6. a) seufzen
   b) winseln
   c) meckern
   d) ächzen

7. a) petzen
   b) sticheln
   c) foppen
   d) hänseln

8. a) beistehen
   b) bewahren
   c) retten
   d) belohnen

9. a) abwägen
   b) berechnen
   c) annehmen
   d) vermuten

10. a) drehen
    b) baumeln
    c) schunkeln
    d) wippen

11. a) spaßen
    b) schäkern
    c) erheitern
    d) lachen

12. a) borgen
    b) kaufen
    c) mieten
    d) pachten

13. a) kreischen
    b) grölen
    c) weinen
    d) plärren

14. a) schaffen
    b) umsetzen
    c) herstellen
    d) erzeugen

15. a) bemalen
    b) zeichnen
    c) ausstreichen
    d) pinseln

16. a) entbinden
    b) entfesseln
    c) aufschließen
    d) losmachen

17. a) springen
    b) schreiten
    c) schlendern
    d) spazieren

18. a) benennen
    b) markieren
    c) kennzeichnen
    d) notieren

19. a) benutzen
    b) herrichten
    c) verwenden
    d) gebrauchen

20. a) üben
    b) zähmen
    c) abrichten
    d) bändigen

21. a) anleiten
    b) unterweisen
    c) unterrichten
    d) wiederholen

22. a) fluten
    b) rinnen
    c) sammeln
    d) strömen

23. a) vermuten
    b) wissen
    c) annehmen
    d) meinen

24. a) stoppen
    b) anhalten
    c) warten
    d) bremsen

25. a) bestrafen
    b) bemängeln
    c) beanstanden
    d) kritisieren

26. a) mogeln
    b) betrügen
    c) verstecken
    d) schummeln

27. a) trinken
    b) speisen
    c) verzehren
    d) schmausen

28. a) bemerken
    b) erblicken
    c) erspähen
    d) lösen

Für jedes durchgestrichene (falsche) Verb gibt es 2 Punkte.	Punkte:

Außenseiter 1

In jedem der Kästen (1–35) steht ein Wort, das nicht hineinpasst. Das ist der Außenseiter. Markiere ihn (x) und begründe deine Entscheidung.

1.	2.	3.	4.	5.
Herz	Ameise	Manchester	Bach	Won
Niere	Skorpion	Liverpool	Mozart	Pfund
Bein X	Fliege	Amsterdam	Händel	Rubel
Leber	Mücke	London	Goethe	Euro

6.	7.	8.	9.	10.
Tulpe	Eiche	Ferkel	Hahn	Seide
Rose	Fichte	Esel	Eber	Strümpfe
Nelke	Kiefer	Fohlen	Schaf	Nylon
Bohne	Pinie	Welpe	Hammel	Wolle

11.	12.	13.	14.	15.
Geige	Horn	Kartoffel	Kirsche	Venus
Harfe	Trommel	Erbse	Pflaume	Sonne
Gitarre	Trompete	Bohne	Aprikose	Saturn
Triangel	Klarinette	Broccoli	Erdbeere	Mars

16.	17.	18.	19.	20.
Ziege	Asien	Elle	Tasse	Messer
Hunde	Irak	Schulter	Löffel	Gabel
Schlange	Peru	Knie	Teller	Topf
Tiger	Portugal	Haut	Krug	Löffel

21.	22.	23.	24.	25.
Nutria	Rugby	Deutsch	Dreieck	Bauer
Dackel	Fußball	Italienisch	Kreis	Springer
Pudel	Tennis	Französisch	Quadrat	Graf
Terrier	Boxen	Spanisch	Rechteck	König

26.	27.	28.	29.	30.
Widder	Cousine	Pult	Bonn	Max
Merkur	Verlobte	Iglu	Köln	Tom
Steinbock	Bräutigam	Kral	Düsseldorf	Tina
Jungfrau	Gemahlin	Tipi	Heidelberg	Sven

31.	32.	33.	34.	35.
Brot	Schnee	Dom	Herakles	Tachometer
Milch	Wolke	Kapelle	Odysseus	Barometer
Zucker	Regen	Schloss	Ödipus	Kilometer
Sahne	Hagel	Basilika	Siegfried	Voltmeter

Für jeden richtig entdeckten Außenseiter gibt es 2 Punkte. Punkte:

In jeder der 30 Zeilen **(A–D)** steht ein Wort, das nicht hineinpasst. Das ist der Außenseiter. Streiche ihn durch und begründe deine Entscheidung.

	A	B	C	D
1.	Wasser	Ruder	Segel	Mast
2.	Bug	Anker	Heck	Steuerbord
3.	Fähre	Dampfer	Kanu	Kabine
4.	Montag	April	Mittwoch	Samstag
5.	Schnee	Hagel	Sonne	Regen
6.	Eule	Hirsch	Hase	Reh
7.	Orange	Zitrone	Apfelsine	Apfel
8.	Haiti	Taiwan	Kuba	Jamaika
9.	August	Januar	November	Dezember
10.	Bayern	Hamburg	Lübeck	Thüringen
11.	Hecht	Lachs	Karpfen	Delphin
12.	See	Bach	Fluss	Strom
13.	Kampf	Sieg	Gefecht	Schlacht
14.	Bund	Club	Paar	Verein
15.	Herde	Rotte	Gruppe	Meute
16.	Zelt	Käfig	Kobel	Nest
17.	Löwe	Elefant	Känguru	Pinguin
18.	Abfall	Verlust	Müll	Kehrich
19.	Schleife	Schlinge	Knoten	Schärpe
20.	Borke	Rinde	Kruste	Stamm
21.	Berg	Hügel	Kuppe	Tal
22.	Dorf	Stadt	Kolonie	Rathaus
23.	Eisen	Silber	Kupfer	Aluminium
24.	Korb	Tonne	Fass	Krug
25.	Dunst	Rauch	Feuer	Dampf
26.	Fingerring	Halskette	Armreif	Krawatte
27.	Walzer	Orchester	Polka	Tango
28.	Liste	Tabelle	Verzeichnis	Zeitung
29.	Brot	Käse	Butter	Quark
30.	Gerste	Bohnen	Roggen	Weizen

Für jeden richtig erkannten Außenseiter gibt es 1 Punkt.	Punkte:

Außenseiter 3

In jeder der Zeilen 1–25 steht ein Wort, das nicht hineinpasst. Das ist der Außenseiter. Streiche ihn durch und begründe deine Entscheidung.

	A	B	C	D
1.	reich	begütert	vermögend	überflüssig
2.	rein	reif	klar	sauber
3.	eifrig	fleißig	wichtig	arbeitsam
4.	dünn	zart	zierlich	durchsichtig
5.	mutig	fromm	religiös	gläubig
6.	rasch	schnell	eilig	blitzartig
7.	müde	ruhig	matt	dösig
8.	sonderbar	seltsam	eigenartig	gestört
9.	flüssig	pappig	zäh	klebrig
10.	billig	günstig	umsonst	preiswert
11.	fertig	erledigt	vollendet	müde
12.	blass	arm	bleich	fahl
13.	schief	schräg	geneigt	verdreht
14.	bleich	mager	hager	dürr
15.	schmal	schlank	sportlich	schmächtig
16.	fähig	schlau	tauglich	geeignet
17.	verziert	geschmückt	verschönert	geputzt
18.	schweigsam	wortkarg	gehemmt	still
19.	bedrückt	verweint	peinlich	traurig
20.	langsam	behutsam	sorgsam	vorsichtig
21.	bescheiden	geizig	sparsam	genügsam
22.	schlampig	nachlässig	auffällig	unordentlich
23.	beliebt	harmlos	zutraulich	ungefährlich
24.	arm	elend	besitzlos	verachtet
25.	rasch	schnell	fleißig	sofort

Für jeden richtig entdeckten Außenseiter gibt es 1 Punkt.	Punkte:

Die 18 Sätze bestehen jeweils aus zwei Teilen. Ergänze Teil 1 mit einem der drei Auswahlantworten (a–c), so dass sie sich „logisch" aufeinander beziehen. Sieh dir dazu das Beispiel an.

1. Je höher der Berg, desto
   a) schöner die Aussicht.
   b) dünner die Luft. ✗
   c) spitzer der Gipfel.

2. Je mehr Regen, desto
   a) grüner die Pflanzen.
   b) kühler der Boden.
   c) feuchter die Erde.

3. Je kälter der Winter, desto
   a) dicker das Eis.
   b) höher der Schnee.
   c) größer die Erkältung.

4. Je mehr es schneit, desto
   a) kälter ist es.
   b) mehr Schnee schmilzt.
   c) länger ist der Winter.

5. Je länger man lernt, desto
   a) kürzer die Freizeit.
   b) größer das Wissen.
   c) besser die Noten.

6. Je älter der Mensch, desto
   a) höher seine Rente.
   b) größer seine Verwandtschaft.
   c) geringer seine Lebenszeit.

7. Je jünger der Mensch, desto
   a) größer seine Lebensfreude.
   b) weniger Lebenserfahrungen hat er.
   c) besser lernt er.

8. Je ärmer der Mensch, desto
   a) schneller isst er.
   b) weniger Lebensfreude hat er.
   c) weniger Geld besitzt er.

9. Je schneller das Auto, desto
   a) kürzer die Fahrzeit.
   b) größer die Unfallgefahr.
   c) kürzer der Bremsweg.

10. Je dicker das Buch, desto
    a) wichtiger der Inhalt.
    b) langweiliger ist es.
    c) mehr Seiten hat es.

11. Jeder größer das Zimmer, desto
    a) höher die Miete.
    b) größer die Wohnfläche.
    c) mehr Fenster hat es.

12. Je länger das Diktat, desto
    a) konzentrierter die Schüler.
    b) fehlerhafter der Text.
    c) mehr wird geschrieben.

13. Je mehr man schwitzt, desto
    a) größer der Flüssigkeitsverlust.
    b) größer ist der Hunger.
    c) schneller läuft man.

14. Je schwieriger eine Aufgabe, desto
    a) interessante ist sie.
    b) länger ist sie.
    c) nötiger die Konzentration.

15. Je größer der Wortschatz, desto
    a) besser der Ausdruck.
    b) länger der Aufsatz.
    c) fehlerloser der Text.

16. Je mehr jemand verdient, desto
    a) mehr gibt er aus.
    b) sparsamer wird er.
    c) mehr Steuern zahlt er.

17. Je berühmter ein Star, desto
    a) mehr Geld verdient er.
    b) beliebter ist er.
    c) bekannter ist er.

18. Je größer das Warenangebot, desto
    a) schwieriger die Auswahl.
    b) niedriger die Preise.
    c) größer die Nachfrage.

Für jede richtige Satzergänzung gibt es 3 Punkte.	Punkte:

Zwischen einer „Ursache“ (z. B. „Regen“) und der „Wirkung“ (z. B. „Hochwasser“) gibt es einen Zusammenhang.
Ordne den Ursachen 1–25 die jeweils entsprechende Wirkung mit Hilfe der Auswahlantworten **(a–c)** zu und markiere sie.

	a	b	c
1. Sonne	Welt	Wärme	Schatten
2. Feuer	Hitze	Kohle	Erdöl
3. Hitze	Sommer	Urlaub	Durst
4. Licht	Schalter	Helligkeit	Strom
5. Unfall	Kreuzung	Keramik	Verletzung
6. Strafe	Einsicht	Übermut	Polizei
7. Sturz	Schwelle	Armbruch	Baustelle
8. Glatteis	Unfall	Frost	Sprühregen
9. Gewinn	Arbeitsdauer	Lotterie	Reichtum
10. Einbruch	Alarm	Tür	Nutzen
11. Fleiß	Schule	Lob	Eltern
12. Scherz	Lachen	Unsinn	Witz
13. Erpressung	Armut	Verbrecher	Angst
14. Müdigkeit	Reise	Schlaf	Anstrengung
15. Streit	Hass	Schläge	Geldmangel
16. Arbeit	Freizeit	Überfluss	Ermüdung
17. Baustelle	Umleitung	Verkehr	Brückenbau
18. Erdbeben	Insel	Schäden	Dorfbewohner
19. Filter	Reinigung	Schmutz	Wasser
20. Krankheit	Gesundheit	Heilung	Schwäche
21. Musik	Noten	Stimmung	Schlager
22. Gift	Tod	Schrank	Unkraut
23. Sturm	Wolken	Wetter	Verwüstung
24. Sport	Station	Fitness	Fußball
25. Lärm	Verkehr	Maschinen	Belastung

Für jede richtig erkannte Wirkung gibt es 2 Punkte. Punkte:

Zwischen einem „Mittel“ (womit?) und einem „Zweck“ (wozu?) gibt es einen Zusammenhang. Ein PKW dient zum Beispiel als „Verkehrsmittel“ dem „Zweck“, eine Reise anzutreten.
Ordne den Mitteln 1–24 den jeweiligen Zweck mit Hilfe der Auswahlantworten **(a–c)** zu kreuze das passende Wort an.

	a	**b**	**c**
1. Fahrrad	Tour	Reparatur	Schlauch
2. Buch	Titel	Wissen	Literatur
3. Lineal	Kreis	Bild	Zeichnung
4. Waggon	Fahrzeug	Transport	Eisenbahn
5. Buchstabe	Schrift	Rätsel	Rechnung
6. Flugzeug	Düsen	Flügel	Beförderung
7. Sprache	Laute	Zeichen	Verständigung
8. Haus	Unterkunft	Gebäude	Zimmer
9. Telefon	Apparat	Auskunft	Rechnung
10. Mantel	Hose	Schutz	Regenschirm
11. Stoßdämpfer	Verkehr	Schlagloch	Federung
12. Arznei	Heilung	Medikament	Krankenhaus
13. Polizei	Einbruch	Ordnung	Fahrzeug
14. Nahrung	Hunger	Geschäft	Getränk
15. Saat	Samen	Ernte	Kartoffeln
16. Schule	Lehrer	Pause	Zeugnis
17. Regen	Wetter	Klima	Wachstum
18. Putzen	Tätigkeit	Sauberkeit	Notwendigkeit
19. Garage	Auto	Keller	Fußballtor
20. Computer	Umzug	Hersteller	Programmieren
21. Fernseher	Information	Dekoration	Wohnzimmer
22. Klavier	Möbelstück	Musik	Noten
23. Achterbahn	Angst	Kirmes	Schwerelosigkeit
24. Schulferien	Arbeit	Erholung	Sommer

Für jeden richtig erkannten Zweck gibt es 2 Punkte.	Punkte:

1. Buchstabenkontrolle

–

2. Buchstabensuche

1. GPZ 2. OLS 3. ACG 4. ABT 5. SAW 6. ZEK 7. FSH 8. TVG 9. AJW 10. OUZ 11. EOE 12. BDG 13. MCA 14. BMX 15. BCY 16. PYB 17. OPA 18. ZNT 19. NDA 20. TSG 21. TBP 22. OKO

3. Silbensuche

1. Le-xi-kon 2. Re-pub-lik 3. Bio-lo-gie 4. Ka-tho-lik
5. Scha-blo-ne 6. Ant-ark-tis 7. Mi-grä-ne
8. Spa-ghet-ti 9. Pub-li-kum 10. Dis-zi-plin
11. Mik-ro-fon 12. E-xemp-lar 13. Me-ga-fon
14. Mi-li-on 15. Mi-ne-ral 16. Ge-ne-ral 17. Ka-pi-tel
18. Por-tu-gal 19. Po-li-tik 20. Re-kla-me 21. The-a-ter
22. Pa-ra-graf 23. Pas-to-rin 24. Ka-ro-ass 25. Kon-di-tor

4. Austausch

1. Raum 2. Rand 3. Bach 4. Last, List 5. Mist, Most 6. Horn, Hirn 7. Mehl 8. Geld 9. Zahn 10. Wacht, Wicht 11. Uhr 12. Huf 13. Wind 14. Schutz 15. Fell 16. Grill 17. Ast 18. Satz 19. Biss, Boss 20. Sport 21. Tritt 22. Schluss 23. Hund 24. Ort 25. Mund 26. Schacht 27. Stahl 28. Stopp 29. Blau 30. Not 31. Ruhm 32. Frist, Frost 33. Schuld 34. Hahn, Huhn 35. Grund 36. Brot 37. Beet 38. Seil 39. Foto 40. Tier 41. See 42. Hirn, Harn 43. Rauch 44. Tee 45. Moos, Maus 46. Moor 47. Leib, Laib 48. Meter

5. Karo

43 x „Karo" rückwärts

6. V-Wörter

G	R	S	V	A	**W**	H	**T**	G	S	T	**B**	O	**G**	R	V	W	**L**	S	**T**
H	**M**	B	**T**	L	P	**U**	E	B	C	A	V	**U**	L	I	E	T	R	**O**	X
I	G	**U**	K	N	Z	F	H	**A**	T	**T**	O	Y	**B**	Z	**S**	P	C	W	M
B	C	D	F	**R**	A	**D**	L	K	**R**	T	E	I	H	**U**	F	H	U	B	P
R	G	**F**	E	L	**A**	J	B	Z	O	N	G	H	L	M	N	**B**	X	**B**	U
A	**U**	P	H	V	T	Q	S	R	**A**	S	**S**	Z	**U**	B	**R**	A	**O**	U	T
X	Z	Y	W	**W**	T	**G**	S	A	B	**S**	Z	I	G	**H**	B	R	C	M	I
T	J	**G**	T	S	**E**	B	T	A	R	K	N	E	D	B	**R**	O	**H**	U	R
M	**A**	Z	J	K	M	O	**A**	T	**T**	Z	**L**	S	**S**	E	T	**E**	L	N	P
H	U	R	T	S	B	J	D	**S**	Z	O	K	**O**	N	M	T	U	R	B	I
B	**A**	C	**L**	P	B	G	H	A	B	I	N	O	S	**R**	L	**T**	S	A	L
A	T	**A**	Z	C	**L**	A	**B**	G	**N**	I	**T**	W	R	X	**A**	Y	N	O	A
C	A	T	U	V	A	**O**	T	M	N	**O**	L	M	N	A	H	E	**G**	A	**T**
A	B	**T**	I	**N**	J	Z	E	B	H	A	X	P	**O**	S	**T**	E	N	**U**	H
A	Z	R	**O**	U	A	E	G	H	**E**	E	**S**	T	A	**S**	B	L	A	Z	E
V	G	H	A	I	**H**	B	**F**	T	Z	**I**	P	C	R	Y	W	D	D	T	G
S	C	**U**	N	H	T	**O**	L	G	V	R	N	**H**	O	**T**	P	**O**	A	**A**	M
T	**A**	G	L	P	I	Y	A	**T**	E	**T**	D	O	**U**	H	S	T	**M**	N	O
Z	C	A	G	**T**	B	**R**	L	E	**A**	T	S	G	V	X	Z	U	R	N	A
O	A	**T**	B	C	**O**	G	V	C	U	I	**M**	L	**L**	J	I	**O**	T	**R**	T
A	**R**	B	T	D	M	A	**T**	O	**G**	M	N	**A**	T	Z	C	D	**H**	O	A
G	A	F	E	R	I	N	F	**A**	H	B	J	K	O	P	S	D	R	Ö	A
S	**T**	U	**D**	A	L	H	I	T	S	G	D	**E**	I	**Z**	A	**B**	O	**D**	H
B	S	**O**	G	H	A	L	R	**M**	A	**I**	B	E	**R**	T	S	F	**A**	A	P
A	D	C	B	**K**	O	**I**	D	L	**A**	U	D	V	F	R	W	N	J	A	S
O	B	**A**	R	B	**A**	O	S	T	U	B	V	R	**T**	A	**U**	H	**T**	O	**E**
B	**P**	U	E	G	I	Z	R	E	A	**S**	A	**G**	T	**A**	C	D	A	**E**	M
J	T	A	S	P	**F**	A	**E**	H	U	N	**O**	H	S	V	T	R	E	E	N
A	**B**	T	**U**	G	H	**E**	S	T	P	N	U	**E**	U	**E**	A	**Z**	T	**G**	A
O	M	**A**	I	R	U	D	H	**B**	A	**G**	T	U	**H**	V	D	A	**U**	D	A
U	P	A	T	**E**	G	**D**	O	L	**U**	A	F	S	R	E	S	Z	O	S	A
S	T	**E**	R	N	**I**	H	L	O	O	R	S	**D**	U	**M**	S	R	U	T	N
U	**E**	U	R	T	S	G	H	**G**	L	**S**	V	Z	**O**	B	A	**W**	T	**L**	R
E	B	D	Z	**Z**	E	**O**	F	F	**A**	T	U	S	A	B	R	D	**A**	T	K
R	I	**T**	B	Z	**O**	T	D	X	N	U	S	L	A	Z	A	B	G	D	Q
S	**O**	T	G	A	D	L	P	U	**N**	O	**L**	I	G	J	O	A	G	S	R
V	E	A	A	G	**H**	U	**U**	E	T	**I**	P	A	O	L	J	**H**	A	**F**	S
S	**T**	U	**L**	S	R	**E**	N	O	K	G	U	**M**	A	**S**	T	T	**U**	R	R
A	B	**A**	Z	W	A	T	U	S	B	N	H	T	**U**	T	G	H	F	S	N
S	E	R	E	A	B	H	T	U	D	F	G	K	L	P	E	T	W	R	A

Es sind insgesamt 58 V-Wörter.

7. Zuordnungen

falsch: B 8, 6, 5, 3, 13, 12; C 5, 3, 7, 14; D 7, 4, 9, 2, 12, 1; E 0; F 6, 10, 16, 14; G 9, 8, 13, 15; H 8, 12, 2; I 12, 3; J 6, 13, 14; K 13, 5, 16

8. Fehlerhafter Plan

Das Hotel hat 40 Zimmer.

a	b	c	d	e	f	g	h	i	j	k	l	m	n	o	p	q	r	s	t
3x	3	2	3	6	4	3	2	4	1	3	5	4	1	5	6	1	5	6	6
A	B	C	D	E	F	G	H	I	J	K	L	M	N	O	P	Q	R	S	T
6	4	2	6	7	3	5	7	3	2	4	3	4	8	2	6	3	3	6	8

9. Paarweise

1. 6 Paare; 2. 4; 3. 6; 4. 5; 5. 6; 6. 6; 7. 7; 8. 5; 9. 3; 10. 4; 11. 8; 12. 5; 13. 6; 14. 4; 15. 3; 16. 9; 17. 6; 18. 4; 19. 3; 20. 7; 21. 4; 22. 4; es sind insgesamt 115 Paare.

10. Muster

Muster 1: 6x
Muster 2: 5x
Muster 3: 4x
Muster 4: 6x
Muster 5: 10x

11. Smileys

Abb. 1: 31-mal; Abb. 2: 2-mal; Abb. 3: 11-mal; Abb. 4: 5-mal; Abb. 5: 6-mal; Abb. 6: 6-mal

12. Zahlenwald

6x „11", 5x „476", 3x „1819", 4x „3413", 6x „5596", 2x „7979", 3x „9898", 2x „10417"

1. 278911345698704133698123769898643583014471 0298412777818
2. 1624773902867645181936024136781141674918131 434761239188
3. 421347623076543213287781221433699632341301 8761458764973
4. 30171095104178618176788947887989243211191218 874853749833
5. 559678965655957826120797987657903417652634 1055961212334
6. 0238389123873433726177879114101989673671476 187673620018
7. 309421559618456213197978672198988846532134 5179777273413
8. 7183824128563521819898213401247379920192736 896798261832
9. 5598407972501041761701432980104101512349596 898985592871
10. 7979979741823661772883191718170491559623984 734142121104
11. 1938177978989801041624734737104768273618292 736187390273
12. 0341318131698676718191718161902451272652655 964107886253
13. 0678283947612374767957637612173417163728372 618912876534
14. 797819878737281678263526118783367264927362 7162546372615
15. 005596819645453625162537251664724341234131 8386745625516

13. Quersumme gesucht

1. 1x „17"; 2. 4x; 3. 3x; 4. 2x; 5. 3x; 6. 2x; 7. 3x; 8. 2x; 9. 3x; 10. 3x; 11. 1x; 12. 3x; 13. 0x; 14. 3x; 15. 2x; 16. 2x; 17. 3x; 18. 0x; 19. 2x; 20. 4x – insgesamt 46x „17".

14. Additionen

1. 1+9+15 = 25
2. 11+12+7 = 30
3. 5+16+14 = 35
4. 8+13+19 = 40
5. 20+22+3 = 45
6. 13+23+14 = 50
7. 7+20+28 = 55
8. 16+34+10 = 60
9. 60+3+2 = 65
10. 31+26+13 = 70
11. 55+4+16 = 75
12. 71+6+3 = 80
13. 24+32+29 = 85
14. 83+5+2 = 90
15. 92+2+1 = 95
16. 95+4+1 = 100

15. Zahlengitter

32 Zahlen sind durch „2" teilbar.
15 Zahlen sind durch „3" teilbar.
24 Zahlen sind weder durch „2" oder „3" teilbar.
107 Felder bleiben frei.

16. Richtige Reihenfolge

1. Liebeskummer 2. Vogelkäfig 3. Plastikbeutel 4. Sahnebonbon 5. Motorschaden 6. Puddingschale 7. Signallampe 8. Runkelrübe 9. Nudelsuppe 10. Möbelfabrik 11. Puderdose 12. Augenzeuge 13. Karnevalszug 14. Motorhaube 15. Ostermontag 16. Kindergarten 17. Tageszeitung 18. Schokolade 19. Olivenöl 20. Gabelstapler 21. Tafelbesteck 22. Salzkartoffeln 23. Polstersessel 24. Affenkäfig 25. Kehrmaschine 26. Blumenkübel 27. Klingelzeichen 28. Silberbesteck 29. Zuckerdose 30. Petroleum 31. Panorama 32. Blumenvase 33. Eisenstange 34. Wassereimer 35. Ofenbauer 36. Katzenjammer 37. Hotelzimmer 38. Computerspiel 39. Handynummer 40. Gratulation

17. Anagramme

1. her 2. alt 3. Ton 4. roh 5. die 6. sie 7. Rast 8. Stil 9. Leib 10. blau 11. frei 12. Stab 13. Rede 14. Leib 15. Lied 16. Gras 17. lahm 18. faul 19. Maus 20. Mode 21. egal 22. Rehe 23. rasch 24. Leben 25. Feier 26. Schal, lasch 27. Wiese 28. Ernte 29. Palme 30. Riese 31. Achse 32. Gabel 33. Busch 34. Rache 35. Biene 36. Eimer 37. Regal 38. Gleise 39. Sterne 40. nebelig

18. Brückenwörter

1. Schrank 2. Fahrer 3. Ziegel 4. Nabel 5. Kugel 6. Ring 7. Wort 8. Uhr 9. Bügel 10. Knopf 11. Tür 12. Schutz 13. Stuhl 14. Schuh 15. Möbel 16. Dieb 17. Schein 18. Frage 19. Platz 20. Trick 21. Eis 22. Bahn 23. Schirm 24. Gast 25. Feier

19. Korrekturen

A: 1. Streusalz 2. Notdienst 3. Jahrzehnt 5. Weltmeister 5. Enkelkind 6. Papagei 7. Baumrinde 8. Laubwerk 9. Diebesgut 10. Tulpenfeld 11. Känguru 12. Trödelmarkt 13. Wahnsinn 14. Kaimauer 15. Kreisstadt 16. Veilchenduft 17. Druckertaste 18. Stupsnase 19. Haarspray 20. Hustenbonbon 21. Toilettensitz 22. Traktorrad 23. Wutanfall 24. Schulschluss

B: 25. schimpfen 26. gratulieren 27. verstecken 28. unterhalten 29. abbrechen 30. auswählen 31. formulieren 32. enttäuschen 33. anklopfen 34. nummerieren

35. entdecken 36. kränkeln 37. abblasen 38. aushalten 39. ausstoßen 40. ausnutzen 41. abschreiben 42. verkürzen 43. vertauschen 44. ankommen 45. erpressen 46. großschreiben 47. empfangen 48. beenden

C: 49. peinlich 50. eiskalt 51. hellblond 52. schwerkrank 53. glasklar 54. nasskalt 55. steinhart 56. aalglatt 57. denkfaul 58. großspurig 59. himmelblau 60. maisgelb 61. todmüde 62. schmutzig 63. felsenfest 64. gefährlich 65. unangenehm 66. butterweich 67. steinhart 68. glücklich 69. großzügig 70. taubstumm 71. ungewöhnlich 72. fehlerlos

20. Wortreste 1

Beispiele

A: 1. Mut 2. Tat 3. Uhr 4. Hof 5. Ohr 6. See 7. Oma 8. Opa 9. Ort 10. Ast 11. Tee 12. Eis 13. Bus 14. Tag 15. Ast 16. Not 17. Tal 18. Lot 19. Arm 20. Tür

B: 1. Hose 2. Hemd 3. Ente 4. Moos 5. Esel 6. Käse 7. Saal 8. Herr 9. Bahn 10. Pult 11. Gast 12. Ring 13. Rand 14. Wald 15. Buch 16. Bild 17. Haus 18. Hund 19. Beet 20. Ball

C: 1. Taube 2. Stube 3. Preis 4. Musik 5. Leben 6. Insel 7. Vogel 8. Roman 9. Vater 10. Frost 11. Armut 12. Katze 13. Punkt 14. Lehre 15. Klima 16. Tiger 17. Sonne 18. Noten 19. Tafel 20. Komma

21. Wortreste 2

1. flach 2. glatt 3. blond 4. feige 5. falsch 6. frisch 7. schlau 8. lustig 9. billig 10. gemein 11. mager 12. steinig 13. finster 14. fromm 15. winzig 16. teuer 17. braun 18. weiblich 19. falsch 20. richtig 21. sauer 22. schwer 23. köstlich 24. langsam 25. geduldig 26. fleißig 27. dunkel 28. flüchtig 29. glücklich 30. männlich 31. zahlreich 32. schmutzig 33. traurig 34. freundlich 35. aufmerksam 36. kläglich 37. wachsam 38. neugierig 39. interessant 40. unklar 41. ländlich 42. feindselig 43. undankbar 44. unbeholfen

22. Versteckte Adjektive

A: 1. gelb 2. arm 3. steil 4. echt 5. lau 6. gut 7. reich 8. heil, heilig 9. bitter 10. tief 11. weiß 12. dick, arm 13. treu 14. schlapp 15. satt 16. weit, weiter 17. nass 18. ernst 19. reif 20. hell

B: 21 rege 22. fein 23. leise 24. lang 25. stur 26. platt 27. neu, fest 28. taub 29. gemein, einsam 30. leicht 31. schön 32. schwer 33. roh 34. schlau, lau 35. weich 36. hart 37. link 38. warm 39. früh 40. rank, krank

C: 41: schal, alt 42. rund 43. rau 44. nah 45. gar 46. zäh 47. laut 48. edel 49. scheu 50. taub 51. eng 52. eisig 53. rot 54. teuer 55. voll 56. hoch 57. fest 58. dicht 59. grün 60. sicher

23. Wortverbindungen

1. Reise 2. Bau 3. Ball 4. Haus 5. Baum 6. Licht 7. Weg 8. Lauf 9. Glas 10. Bahn 11. Fall 12. Zeit 13. Regen 14. Sommer 15. Bank 16. Wasser 17. Welt 18. Spiel 19. Flug 20. Obst 21. Tee 22. Zeit 23. Not 24. Buch 25. Eis

24. Wortkette

B	A	L	L	S	P	I	E	**L**	A	S	**T**	A	**T**	A	S	S	**E**	I	S	E	N	B	A	H	**N**
																									A
R	E	D	N	E	L	A	**K**	R	E	W	F	U	A	**L**	E	F	F	Ö	**L**	E	F	A	**T**	H	C
A																									
S	T	P	L	A	T	**Z**	E	U	G	N	I	**S**	E	G	E	L	B	O	O	**T**	R	O	M	M	E
																									L
H	C	I	R	E	B	S	E	G	A	**T**	F	A	H	C	S	D	N	A	**L**	E	B	E	**N**	H	O
T																									
H	E	A	T	E	**R**	A	S	T	S	T	Ä	T	T	**E**	R	N	Ä	H	R	U	N	**G**	A	B	E
																									L
L	H	O	**K**	N	A	B	D	N	A	**S**	U	A	H	N	E	H	I	E	**R**	E	L	P	A	T	S
E																									
N	G	R	U	B	**E**	I	L	Z	U	**G**	A	S	S	**E**	I	M	E	**R**	O	M	A	**N**	A	T	U
																									R
I	Z	H	C	A	**D**	L	A	W	Z	R	A	W	H	C	**S**	U	A	H	H	C	O	**H**	C	I	E
E																									
G	E	**L**	A	N	D	E	B	A	H	**N**	E	B	E	L	W	A	N	**D**	O	S	E	N	Ö	F	F
																									N
C	I	W	N	E	K	C	O	**L**	E	S	**E**	D	R	**E**	T	N	**E**	B	B	**E**	H	I	E	**R**	E
K																									
L	E	**R**	A	T	H	A	U	**S**	C	H	I	F	F	F	A	H	R	**T**	H	E	M	**A**	S	C	H
																									E
B	L	L	O	**R**	E	S	S	E	M	N	E	H	C	S	A	**T**	S	A	**R**	E	H	C	E	B	N
R																									
A	T	E	**N**	O	R	D	P	O	**L**	I	C	H	**T**	I	S	C	H	T	U	C	**H**	A	U	S	B
																									E
I	**E**	G	N	A	L	H	C	S	T	F	U	**L**	E	I	P	S	E	T	A	**R**	E	Z	T	I	S
C																									
H	E	N	B	A	U	**M**	A	U	L	W	U	R	**F**	R	U	C	H	T	B	O	N	B	O	**N**	O
																									T
A	**R**	E	D	U	P	R	A	A	**H**	C	S	N	U	W	K	C	Ü	L	**G**	N	U	D	N	A	L
U																									
M	S	T	A	T	I	O	**N**	O	T	W	E	H	**R**	I	C	H	T	U	N	**G**	L	A	**S**	O	N
																									N
T	A	A	T	**S**	S	U	L	H	C	**S**	U	A	H	R	A	B	H	C	A	**N**	R	E	T	L	**E**

25. Neue Wörter

1. u (Stab, Staub) 2. u 3. l 4. t 5. a 6. s 7. r 8. a 9. u 10. a 11. a 12. k 13. e 14. l 15. r 16. u 17. s 18. a 19. r 20. w 21. w 22. l 23. i 24. c 25. p 26. e 27. s 28. r 29. i 30. c 31. i 32. s 33. r 34. p 35. r 36. r 37. n 38. r 39. t 40. k 41. t 42. r 43. l 44. l

26. Wortgegensätze

1c, 2d, 3a, 4b, 5a, 6d, 7c, 8a, 9a, 10d, 11c, 12b, 13d, 14c, 15b, 16d, 17b, 18d, 19d, 20a, 21c, 22a, 23b, 24c

27. Rösselsprung

1 Eines	26 Tiger	39 ergreifen	14 wird	29 erschrickt	52 zu	41 stellt	50 befiehlt
38 zu	13 Dabei	2 Nachts	27 Der	40 Da	49 und	30 und	53 bleiben
25 ein	64 auf	15 er	36 die	55 habe	28 Dieb	51 stehen	42 sich
12 Vasen	37 Flucht	24 wie	3 stiehlt	48 Weg	43 ihm	54 Er	31 eilt
63 Dieb	22 sieht	11 wertvolle	16 von	35 um	56 die	5 dreister	44 der
10 vier	19 Tier	60 Da	23 aus	4 ein	47 den	32 in	57 Polizei
21 Es	62 der	17 einem	8 einer	59 alarmiert	34 Diele	45 Butler	6 Dieb
18 riesigen	9 Villa	20 überrascht	61 gibt	46 in	7 in	58 schon	33 die

Text: Eines Nachts stiehlt ein dreister Dieb in einer Villa vier wertvolle Vasen. Dabei wird er von einem riesigen Tier überrascht. Es sieht aus wie ein Tiger. Der Dieb erschrickt und eilt in die Diele, um die Flucht zu ergreifen. Da stellt sich ihm der Butler in den Weg und befiehlt, stehen zu bleiben. Er habe die Polizei schon alarmiert. Da gibt der Dieb auf.

28. Zerfallener Text

1. D/g 2. H/a 3. F/d 4. C/e 5. A/h 6. I/c 7. E/b 8. B/i 9. G/f

29. Vermischte Texte

Bericht: Nr.: 2, 4, 5, 7, 9, 11, 13, 15, 17, 19, 22, 24
Die Erzählung besteht aus den übrigen Nummern.

30. Verlorene Buchstaben

Ein Gauner

Vor vielen Jahren lebte einmal ein armer Bauer. Er arbeitete von morgens bis abends. Aber so sehr er sich abrackerte, er schaffte es nur mit Ach und Krach zu überleben. Niemand stand ihm zur Seite und immer fehlte ihm Geld. Der Bauer aber hatte einen reichen Schwager, der in Saus und Braus lebte. Die beiden Männer waren sehr verschieden. Sie hassten sich wie zwei Feinde. Weit und breit war bekannt, dass der Schwager ein gieriger Geizhals war, der weder Tod noch Teufel fürchtete und bei allen Leuten sehr unbeliebt war. Seinen Schwager um Hilfe zu bitten, wäre erfolglos gewesen; denn dieser hätte den armen Bauern nur davongejagt. Deshalb entschloss sich der Bauer, den Geizhals zu überlisten. Er hüllte sich von Kopf bis Fuß in seine besten Kleider und eilte zu seinem Schwager. Der Bauer erzählte ihm, er habe auf seinem Acker einen riesigen Goldklumpen gefunden, der zum Tragen viel zu schwer sei. Der raffgierige Schwager geriet vor Geldgier außer Rand und Band. Er drängte den Bauern, ihm seinen Acker zu verkaufen, und bot ihm eine hohe Geldsumme an, wenn er den Kaufvertrag sofort unterschriebe. Der Bauer tat dies und der Geizhals zählte die Kaufsumme auf Heller und Pfennig auf den Tisch. Dann ließ er sein Pferd satteln und ritt grußlos davon. Als der Geizhals an der vermeidlichen Goldgrube ankam, grub er hastig den Acker um. Aber er fand kein Gold. Vor Wut spuckte er Gift und Galle und schlug alles, was ihm in den Weg kam, kurz und klein. Den gerissenen Bauern hätte er am liebsten hinter Schloss und Riegel gebracht. Doch dieser ließ sich nicht blicken, weil er wusste, dass es ihm um Kopf und Kragen ging. Der Bauer blieb bis an sein Lebensende verschwunden.

31. Druckfehler

Warum sie todesmutig sind

In San Francisco stürzen sich Jugendliche von der Golden Gate Bridge. Sie sichern sich durch ein Seil ab, das sie an ihren Füßen und an der Brückenbrüstung befestigen. Andere hängen sich an einen Baukran und lassen sich in die Tiefe fallen. Man nennt diese Jugendlichen Bungee-Springer. Fragt man sie, warum sie diesen Wahnsinn tun, antworten sie, beim Sturz ins Nichts Angst und Panik zu überwinden und dabei ein unheimliches Glücksgefühl zu empfinden.

Diese Spiele werden immer gefährlicher. Manche Jugendliche joggen quer über die Autobahn oder benutzen das Dach eines Fahrstuhls als riskante Mitfahrgelegenheit. Auch das so genannte Surfen mit der U-Bahn ist ein häufiger und beliebter Kick. Er besteht darin, auf den abfahrbereiten Zug aufzuspringen und sich außen an dessen Tür festzuhalten. Diese Mutprobe kann bis zu fünf Sekunden oder etwas länger dauern. Dann gilt es, rechtzeitig abzuspringen. Manch einer dieser Surfer ist kaum zehn Jahre alt. Sie hängen mit aufgeblasenen Jacken und wehenden Haaren an den fahrenden Zügen und vollführen dabei todesmutige Kunststücke. Oft laufen diese Kinder oder Jugendlichen auch über die Dächer der schnellen Züge und spreizen die Beine wie Helden in einem Western. Wenn einer herabstürzt und zum Beispiel gegen einen Signalmast knallt und tot liegen bleibt, nennen sie das Abklatschen.

32. Rückwärts geschrieben

Der Fuchs und der Ziegenbock

Ein Fuchs fiel in einen tiefen Brunnen. Er hoffte darauf, dass jemand kam, der ihm heraushalf. Als ein Ziegenbock den Fuchs entdeckte, rief dieser: „Hilf mir hier heraus!" Der Bock fragte, ob das Wasser dort unten gut sei. „Ja", antwortete der Fuchs, „komm doch herab und probiere es." Der Ziegenbock zögerte etwas, doch dann kletterte er hinab. Und er trank von dem köstlichen Nass.

Nicht mehr durstig, fragte er den Fuchs: „Wie kommen wir wieder hinauf?" Der Fuchs erklärte es ihm. Der Bock sollte sich auf die Hinterbeine stellen, die Vorderbeine gegen die Wand stemmen und seine Hörner aus dem Brunnen herausstrecken. „Dann werde ich über deinen Rücken hinaufklettern und dir sofort heraushelfen", so der Fuchs.

Der Ziegenbock tat, was man ihm geraten hatte. Oben angelangt tanzte der Fuchs vor Freude. Er verhöhnte den Bock wegen seiner Dummheit. „Ich werde mich an dir rächen!", schrie der Bock. Darüber lachte der Fuchs und antwortete: „Wenn du so viele Gedanken hättest wie Haare in deinem Bart, dann wärst du nicht heruntergestiegen, ohne zu überlegen, wie du wieder herauskommst!"

33. Versteckter Text

In der Wüste ist Wasser ein kostbares Gut. Es ist die Garantie für Leben. Wasser ist in der Wüste Gold wert. Ohne Wasser gibt es nur Not und Tod. Aber nach einem halben Tag Regen sammeln Tier und Mensch neue Kräfte. Die Nomaden ziehen mit ihren Kamelen zu einem Trockental („Wadi"). Es ist jetzt mit Wasser und Schlamm gefüllt. Dann beginnt wieder die Hitze und die Menschen hoffen auf den nächsten Regen.

34. Puzzleteile 1

Rechteck 1: 1+2+4; 2: 3+5+7; 3: 6+10+12; 4: 8+13+14; 5: 9+15+18; 6: 11+16+17

35. Puzzleteile 2

Rechteck 1: 1+9+18; 2: 2+14+15; 3: 3+5+8; 4: 4+6+16; 5: 7+11+17; 6: 10+12+13

36. Polygone

1/9; 2/11; 3/20; 4/22; 5/19; 6/24; 7/23; 8/21; 9/7; 10/8; 11/10; 12/12; 13/15; 14/17; 15/13; 16/4; 17/5; 18/2; 19/18; 20/3; 21/1; 22/6; 23/16; 24/14

37. Kreiskarte

A/Nr. 23; B/54; C/42; D/13; E/15; F/47; G/16; H/31; I/12; J/14; K/25; L/44; M/24; N/51; O/46; P/55

38. Faltvorlagen

A/ c; B/d; C/a; D/b; E/b; F/c

39. Sonderbare Linien

1. a, c 2. a, b, c 3. a 4. a, c 5. a, b, e 6. b, d, e 7. a, e 8. a, e

40. Figurenlücken 1

1. H, T, Q, C 2. A, B, M, N 3. D, L, T, B 4. K, J, F, I 5. R, E, O, P (S bleibt übrig; T/B: 2x)

41. Figurenlücken 2

1. BM/FK 2. AR/MQ 3. IS/PD 4. JO/FK 5. TC/CD

42. Altägyptische Schriftzeichen

1. Turm 2. Hand 3. Netz 4. Dolch 5. Ruderer 6. Raum 7. Leben 8. Schwein 9. Schildkröte 10. Garten 11. Soldat 12. Pflug 13. Rückrat 14. Blume 15. Festung 16. Stier 17. Brustschild 18. Haus 19. Käfer 20. Löwe 21. Alter 22. Wind 23. Tafel 24. Frosch 25. Mühle 26. Trauer/Träne 27. Fisch 28. Götterschiff/(-Barke) 29. Kanne 30. Baum 31. Eule 32. Treppe 33. Vogelfalle 34. Gewitter 35. Ente 36. Gewässer 37. Kriegswagen 38. Waage 39. Kuh 40. Mutter

43. Chinesische Schriftzeichen

Zeichen 1: 3-mal
Zeichen 2: 5-mal
Zeichen 3: 6-mal
Zeichen 4: 10-mal
Zeichen 5: 4-mal

44. Würfel gedreht

A: 1. 6; 2. 2; 3. 1; 4. 3; 5. 5; 6. 4; 7. 1; 8. 3; 9. 5; 10. 2
B: 1. 4; 2. 2; 3. 6; 4. 5; 5. 3; 6. 4; 7. 2; 8. 5; 9. 1; 10. 1
C: 1. 6; 2. 4; 3. 5; 4. 4; 5. 1; 6. 2; 7. 3; 8. 1; 9. 1; 10. 6
Der 1 liegt die 6, der 2 die 5 und der 3 die 4 (und umgekehrt) gegenüber.

45. Piktogramme 1

1. Sprint 2. Eiskunstlauf 3. Fechten 4. Eisschnelllauf 5. Radrennen 6. Ringen 7. Boxen 8. Bogenschießen 9. Fußball 10. Volleyball 11. Basketball 12. Handball 13. Hürdenlauf 14. Judo 15. Wasserball 16. Springreiten 17. Speerwurf 18. Hochsprung 19. Stabhochsprung 20. Kugelstoßen 21. Turnen an den Ringen 22. Turnen am Barren 23. Turnen am Pferd 24. Turnen am Seitpferd 25. Schießen 26. Rudern 27. Eishockey 28. Skispringen

46. Piktogramme 2

1. Ankunft 2. Abflug 3. Bahnhof 4. Autobahnhof 5. Taxi 6. Parkplatz 7. Toiletten 8. Flughafenklinik 9. Zahnarzt 10. Apotheke 11. Fluchtweg 12. Presseraum 13. Post 14. Geldwechsel 15. Impfstation 16. Pfundbüro 17. Gepäckaufbewahrung 18. Schließfächer 19. Gepäckausgabe 20. Weiterflug 21. Passkontrolle 22. Zollkontrolle 23. Warteraum 24. Treffpunkt 25. Dutyfreeshop 26. Erste Hilfe 27. Autovermietung 28. Schifftransport 29. Information 30. Caféshop 31. Hotelinformation 32. Eingang verboten 33. Rauchverbot 34. Fahrstuhl 35. Gepäckabfertigung

47. Piktogramme 3

1. Telefon 2. Fundbüro 3. Fähre 4. Ticketkontrolle 5. Fahrzeugfluchtweg 6. Treppe runter 7. Fußgängerbrücke 8. Stehtoilette 9. Trinkwasser 10. Waschraum 11. Telegramm 12. Keine Tiere 13. Notruftelefon 14. Studio 15. Umkleideraum 16. Zuschauerplätze 17. Autowäsche 18. Autowerkstatt 19. Frachttor 20. Fahrbahn 21. Betraum 22. Handwagen (Kofferkuli) 23. Feuerwehr 24. Buffet 25. Zimmermädchen 26. Früchteverkauf 27. Kasse 28. Blumengeschäft 29. Tabakladen 30. Kino 31. Konferenzraum 32. Theater 33. Leseraum 34. Tischtennis 35. Frisör 36. Schlüsseldienst 37. Campingplatz 38. Spielzimmer 39. Sauna 40. Zahnarzt

48. Am Faden

A: Rheinschifffahrt; B: Saiteninstrument; C: Hubschrauberflug; D: Briefmarkenalbum; E: Donaudampfschiff; F: Lichthupensignal

49. Faden-Labyrinthe

A: Rat, Tat, Tau, Uhr, Rad, Dom, Mus, Sau, Ulk, Klo, Oma, Alm, Mut, Tag, Gut, Tal, Lob, Bus, See, Eis, Sut, Tor, Rom, Mal

B: Welt, Turm, Mund, Dach, Haus, Saum, Mahl, Laub, Burg, Grab, Boot, Teil, Last, Tier, Raub, Ball

50. Spiegelbilder

–

51. Figurengruppen

Kreis: 28 x 1 = 28; Dreieck: 35 x 2 = 70; Quadrat: 19 x 3 = 57; Rechteck: 30 x 4 = 120

52. Synonyme

1-35-62; 2-28-52; 3-25-49; 4-37-59; 5-31-55; 6-23-57; 7-33-65; 8-40-58; 9-24-48; 10-41-63; 11-26-53; 12-42-60; 13-29-46; 14-39-50; 15-27-45; 16-43-56; 17-30-47; 18-44-66; 19-36-61; 20-32-64; 21-38-51; 22-34-54

53. Ähnliche Nomen

1/30/55; 2/36/43; 3/39/48; 4/23/58; 5/21/52; 6/25/45; 7/37/60; 8/40/41; 9/33/56; 10/34/42; 11/27/51; 12/29/59; 13/22/54; 14/32/57; 15/24/53; 16/26/47; 17/28/44; 18/38/46; 19/31/49; 20/35/50

54. Ähnliche Adjektive

1/29/56; 2/33/45; 3/21/51; 4/36/60; 5/24/48; 6/22/53; 7/37/58; 8/31/59; 9/35/41; 10/39/42; 11/26/44; 12/27/57; 13/23/52; 14/25/55; 15/40/46; 16/28/49; 17/38/43; 18/30/54; 19/34/47; 20/32/50

55. Beziehungen 1

1. lesen 2. binden 3. spielen 4. wechseln 5. ziehen 6. spitzen 7. brechen 8. läuten 9. raten 10. kneten 11. halten 12. spenden 13. heilen 14. klopfen 15. putzen 16. schlichten 17. antreten 18. schlagen 19. bringen 20. leisten 21. machen 22. stellen 23. ertragen 24. lindern 25. brechen 26. beweisen 27. leiden 28. behalten 29. hüten 30. stillen 31. setzen 32. verdienen 33. säen 34. gewinnen 35. geben 36. schlagen 37. halten 38. teilnehmen 39. aussetzen 40. spenden

56. Beziehungen 2

1. Ball 2. Kiefer 3. Pass 4. Mutter 5. Leiter 6. Bauer 7. Steuer 8. Sichel 9. Schloss 10. Golf 11. Krone 12. Tau 13. Taube 14. Tor 15. Flur 16. Reise 17. Ton 18. Star 19. Futter 20. Rechte 21. Hut 22. Strauß 23. Stich 24. Kamm 25. Wehr 26. Mast 27. Hut

57. Wortproportionen 1

1. Wüste 2. Birne 3. Foto 4. Kleidungsstück 5. Ei 6. Aquarium 7. Mehl 8. Tor 9. Ei 10. Straße 11. Zimmer 12. Suppe 13. Auto 14. Schall 15. Eimer 16. Jugend 17. Fichte 18. Linie 19. Regen 20. Stamm 21. Fisch 22. Geige

58. Wortproportionen 2

1. sägen 2. blasen 3. quaken 4. fliegen 5. schreiben 6. frieren 7. reiten 8. sitzen 9. wiegen 10. krächzen 11. lachen 12. schießen 13. spannen 14. hören 15. trinken 16. belegen 17. würzen 18. rupfen 19. riechen 20. fallen 21. knüpfen 22. tadeln

59. Wortproportionen 3

1. Schleuse 2. Wurzel 3. Tiefe 4. Farbe 5. Haar 6. Käfig 7. Dreieck 8. Länge 9. Ziffer 10. Geschmack 11. Rudel 12. Rehbock 13. Gemahl 14. Speise 15. Suppe 16. Biene 17. Sonnenbrille 18. Wolle 19. Flugplatz 20. Glied 21. Wurst 22. See 23. Sessel 24. Armut

60. Wortgleichungen

1. Stift 2. Schüler 3. Haare 4. Kugel 5. Fisch 6. Nacht 7. Jung 8. Stoff 9. Sprosse 10. Schloss 11. Stein 12. Sieg 13. Kino 14. Ufer 15. Stich 16. Vogel 17. Gras 18. Überschwemmung 19. Müdigkeit 20. Flamme 21. Fuchs 22. Luft 23. Tränen 24. Märchen

61. Zeichenpaare

1. 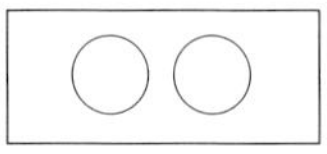 Wechsel von Groß zu Klein
2. DC – DC – Umkehrung der Paare
3. 3 2 1 – 321 – Umkehrung der Ziffern
4. 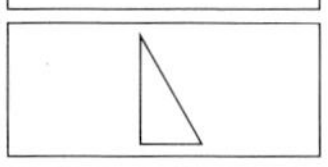 1 zu ½ Figur
5. 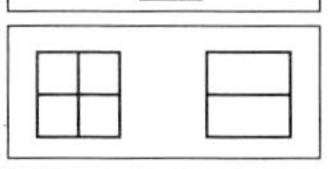 kleines zu großem Figurenpaar
6. 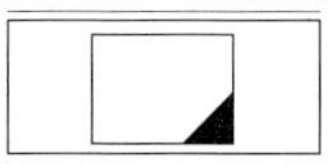 schwarze Ecken liegen gegenüber
7. 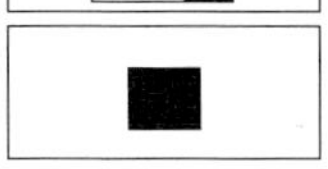 schwarzes Teilstück ergänzt die Hauptfigur: großes Dreieck und Quadrat
8. 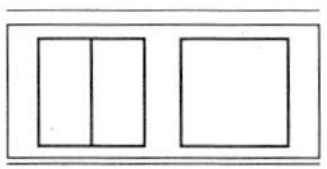 Wechsel von zwei Halben und zwei großen Figuren
9. 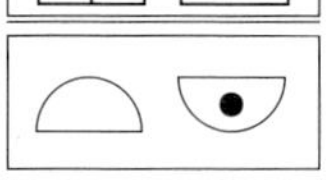 Gegensatzcharakter je Figurenpaar
10. 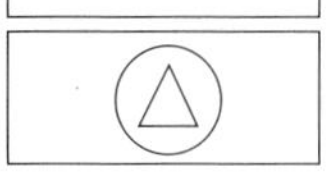 Wechselspiel: großes Quadrat zu kleinem Kreis wie großer Kreis zu kleinem Quadrat
11. 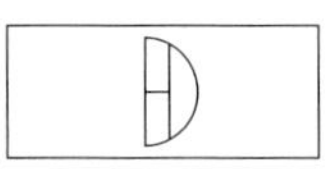 2 Paare stehen sich als Spiegelbild gegenüber
12. 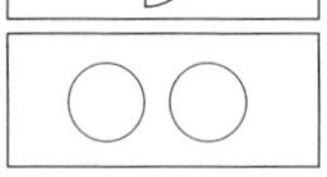 Wechsel von großem zu kleinem Figurenpaar
13. 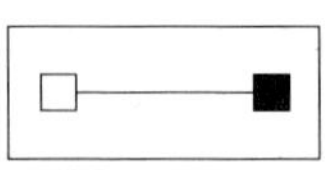 Wechsel von schwarz zu weiß
14. 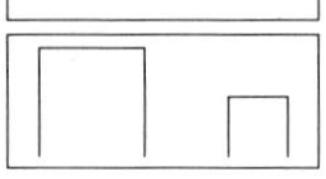 Figurenpaare „geschlossen" zu „geöffnet"
15. 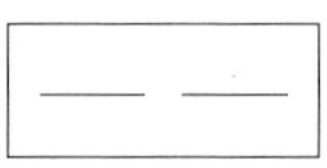 bei beiden Buchstabenpaaren keine senkrechten Striche
16. 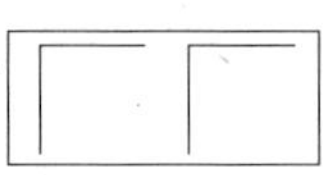 bei beiden Buchstabenpaaren kein waagerechter Strich
17. 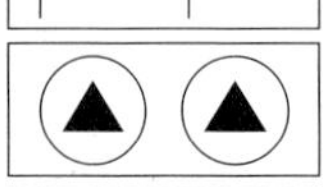 Schwarz-/Weißwechsel
18. 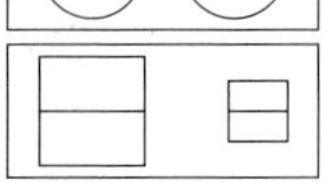 kleine Figur zu großer Figur wie große Figur zu kleiner Figur
19.  aus halber wird eine ganze Ellipse; schwarz wechselt Seite; aus halbem Quadrat wird ein Ganzes
20. 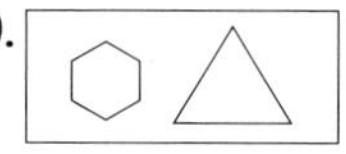 Wechselspiel: kleines Quadrat mit großem Kreis zu kleinem Kreis mit großem Quadrat wie kleines Dreieck mit großem Sechseck zu kleinem Sechseck mit großem Quadrat

62. Buchstabenfolgen 1

1. EEE
2. EEF
3. MNO
4. ONM; Alphabet rückwärts; jeweils 3 Buchstaben (Bst.)
5. QRT; der jeweils 3. Bst. wird weggelassen
6. NML; Alphabet rückwärts
7. IIJ
8. LMN; Alphabet rückwärts, wobei der drittletzte Bst. an 1. Stelle rückt
9. QST; der jeweils 2. Bst. wird weggelassen
10. QRS; Alphabet mit E (F G) vorwärts
11. UVW; Alphabet vorwärts; 2 Bst. jeweils ausgelassen
12. IJV; Alphabet vorwärts; 3. Bst. von Z rückwärts
13. RRQ; Alphabet rückwärts; 2 Bst. doppelt und 3. Bst. je einfach
14. ERQ; der je 1.–4. Bst. des Alphabets wird mit 2 Bst. (ab ZY) rückwärts kombiniert
15. RsT; Alphabet von F vorwärts; der je folgende Bst. wird kleingeschrieben
16. MON; Alphabet vorwärts, wobei die je zwei folgenden Bst. rückwärts angeordnet sind
17. SSU; Alphabet von O vorwärts, Bst. verdoppelt; Bst. übersprungen, dann 3. Bst.
18. EGI; dreier Gruppen beginnen mit A–E; der je 2. Bst. wird übersprungen
19. FED; Alphabet rückwärts, dann je 2 Bst. übersprungen
20. UVW; jedes Päckchen beginnt mit einem Vokal (a, e, i, o, u); dann stehen die je 2 folgenden Bst.

63. Buchstabenfolgen 2

1. IjKl; Wechsel von Groß-/Kleinbuchstaben (Bst.)
2. BBAA
3. EEEF
4. BdeB; kleine Bst. nach Alphabet vorwärts
5. GXYH
6. IjRQ; 1. und 2. Bst. Alphabet vorwärts, 3. und 4. rückwärts

7. ZYXW; Alphabet rückwärts
8. Wvub; 1.–3. Bst. Alphabet rückwärts, 4. Bst. Alphabet vorwärts
9. MNOp; Alphabet ab E vorwärts
10. FeDC; Alphabet ab V rückwärts
11. ABDE; Alphabet vorwärts; der je 3. Bst. ausgelassen
12. VFGH; Alphabet vorwärts; A, E, I, N, Q durch V ersetzt
13. NMLA; Alphabet rückwärts; der je 4. Bst. durch A ersetzt
14. ABkl; der jeweils 3. und 4. Bst. entspricht dem Alphabet
15. EABH; Alphabet vorwärts; der jeweils 2. und 3. Bst. ausgelassen
16. DDDe
17. DCBA; jede Bst.-Gruppe je rückwärts
18. EFVU; je 2 Bst. von vorn und hinten kombiniert
19. VWXY; Alphabet vorwärts; der jeweils 1. Bst. der Gruppe ausgelassen
20. XFGY; Alphabet vorwärts; X und Y ersetzen den folgenden Bst.: X = A, Y = D usw.

64. Wortfolge 1

Beispiele:

1. z. B. Saat (Wechsel von aa/ee; gedehnter Vokal)
2. Stuhl (Wechsel von u/ohne und mit Dehnungs-h)
3. Fett (Wechsel von kurzem a und e/ll und tt)
4. Fleck (Wechsel von kurzem e und o/ck im Auslaut)
5. Dame (Wechsel von a/ohne und mit Dehnungs-h)
6. Sumpf (Wechsel: nach n = f, nach m = pf)
7. Fabel (Wechsel von v-/f-Laut)
8. Spaß (Langes a, o, u: ß)
9. Fass (kurzer Vokal/ss im Auslaut)
10. Fotografie (ie im Auslaut)
11. Tod (Wörter nur mit Vokal o)
12. Verleih (Wörter mit ei)
13. Raps (Wörter mit Auslaut ps)
14. Fabrik (Lehnwörter mit Auslaut k)
15. Bibel (Lehnwörter mit Inlaut i)
16. Vanille (Wechsel von Anfangsbuchstaben v/w)
17. Rampe (Wörter nur mit Vokalen a und e)
18. Ende (Anfangs- und Endbuchstabe e)
19. Motor (Anfangsbuchstabe m/Endbuchstabe r)
20. Entschluss (Wechsel der Vorsilbe end-/ent-)
21. Ärgernis (Endsilbe -nis)
22. Oma (Trennungsmerkmal: I-gel, A-del usw.)
23. Zentner (Alphabet rückwärts von Z–U)
24. Baum (Alphabet vorwärts von A–F)

65. Wortfolge 2

1. Dienstag (Wechsel von 2 Monaten und 1 Tag)
2. z. B. Braut (Wechsel von männl./weibl. Person)
3. Anfang (Gegensatzpaare)
4. Schluss (Synonyme/Paare)
5. Information (Wechsel von deutschem und Lehnwort)
6. z. B. Dach (Ganzes/Teil)
7. z. B. Musik (Mittel/Zweck)
8. z. B. Sonne (Ursache/Wirkung)
9. Stuhl (Teil/Ganzes)
10. z. B. Wasser (Wechsel von festem und flüssigem Stoff)
11. Wasser (Wechsel von alkoholischem und alkoholfreiem Getränk)
12. Baum (Teil/Ganzes)
13. Vater (Paare)
14. z. B. Trompete (Wechsel von Saiten-/Blasinstrumenten)
15. z. B. Ameise (Wechsel von Unter-/Oberbegriff)
16. z. B. Kupfer (ebenda)
17. z. B. Gans (Wechsel von 2- und 4-beinigen Tieren)
18. z. B. Eisen (Edel-/Metallen)
19. Tag (Gegensatzpaare)
20. z. B. Birke (Wechsel von Nadel-/Laubbäumen)
21. Schiene (Wechsel von Fahrtzeug/Verkehrsweg)
22. Idee (Synonyme/Paare)
23. Dachs (Tiernamen/alphabetisch A–F)
24. Nebel (Wechsel von Stabreim-Paaren)

66. Zeichenfolge 1

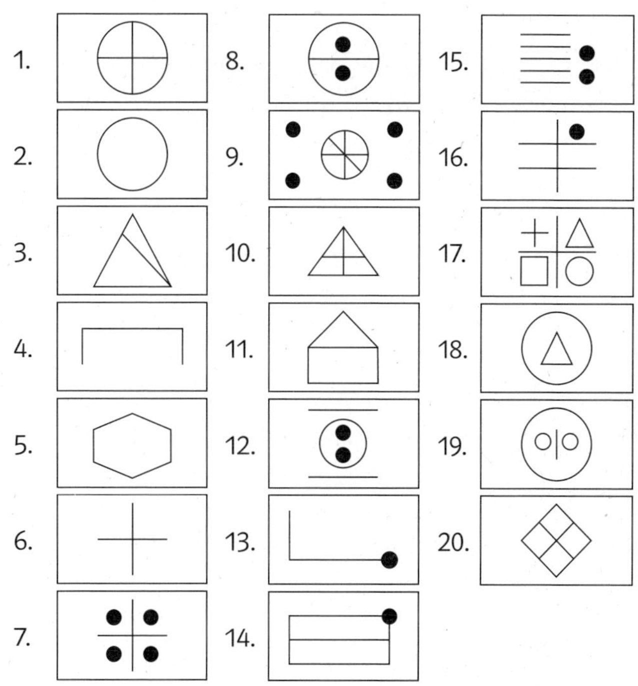

67. Zeichenfolge 2

1. 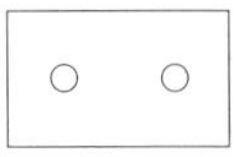 Figuren im Uhrzeigersinn von 5 bis 2 Kreisen im schwarz/weiß-Wechsel.

2. 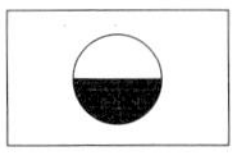 Drehung.

3. 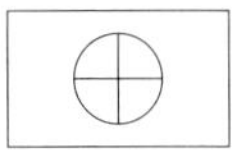 Kreisfigur bleibt; abnehmende Durchmesseranzahl.

4. 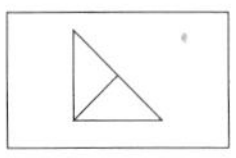 Spiegelung je Spalte.

5. 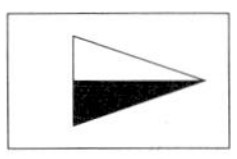

6. 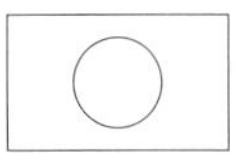 Kreise bleiben; von links nach rechts fällt kleiner Kreis in der Mitte weg und von oben nach unten das Kreuz, d. h. Leerkreis bleibt.

7. 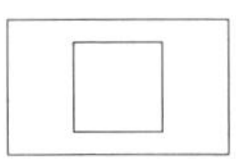 Von links nach rechts bleibt die Kreisfigur und Kreuz fällt weg; von oben nach unten wird aus Kreuz ein Quadrat und das stehende Kreuz fällt weg.

8. 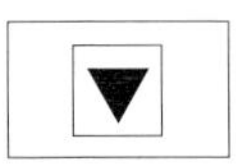 Aus Kreis wird nach unten ein Quadrat; kleine Dreiecke wechseln die Richtung.

9. 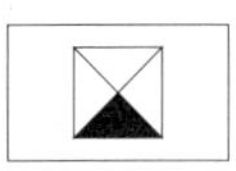 Schwarze Felder liegen gegenüber.

10. 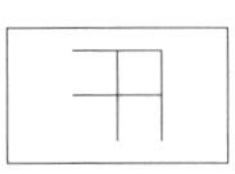 Abnehmende Strichzahl im Uhrzeigersinn.

11. 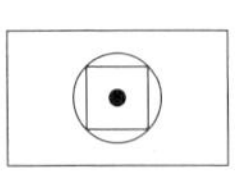 Kreise bleiben; Striche nehmen im Uhrzeigersinn zu; Punkte nehmen ab.

12. 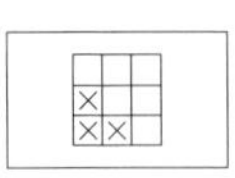 Spiegelung.

13. 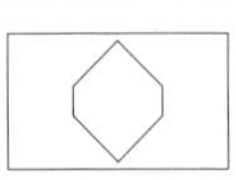 Zunehmende Strich-/Seitenzahl.

14. 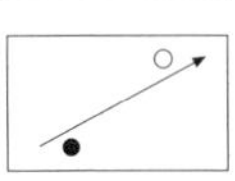

15. 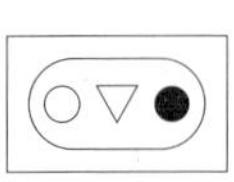 Ellipse bleibt; Wechsel von Kreis/Punkt und Richtung Dreieckspitze.

16. 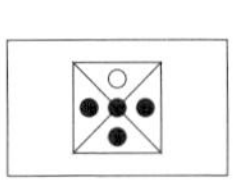 Schwarze Punkte nehmen zu; Leerkreise nehmen ab.

17. 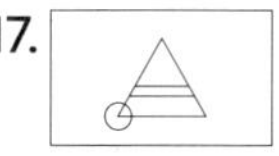 Kleiner Kreis wechselt im Uhrzeigersinn Schnittpunkt; Linien/Striche nehmen von 4 bis 1 ab.

18. 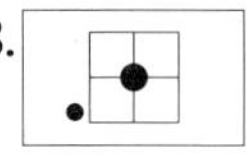 Wechsel von hellen und dunklen Flächen; abnehmende Punktezahl außerhalb des Quadrates.

19. 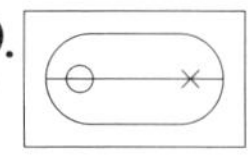 Kreuz und Kreis bewegen sich im Uhrzeigersinn aufeinander zu.

20. 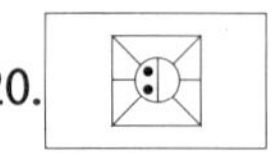

21. 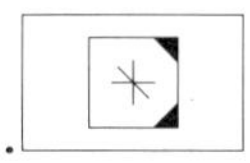

68. Zeichenfolge 3

1. 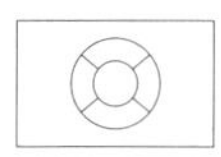 Jede Form erscheint einmal pro Reihe.

2. 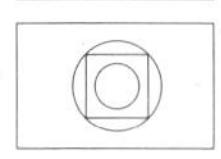 Jede Form erscheint einmal pro Reihe.

3. 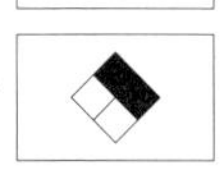 In jeder Reihe/Spalte stehen Kreis, Raute, Quadrat, die zu $^1/_4$, $^2/_4$, $^3/_4$ schwarz sind.

4. 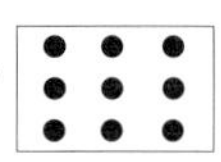 Schwarze Punkte erhöhen sich in jeder Zeile um 2 und in jeder Spalte um 1.

5. 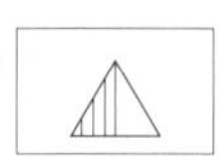 Figurenwechsel pro Zeile; 1 Figur nicht schraffiert, die anderen ganz oder $^1/_2$.

6. 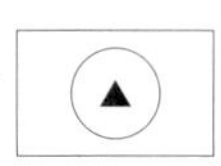 Figurenwechsel pro Zeile; 1 Figur frei; je 1 Figur schwarze Fläche.

7. 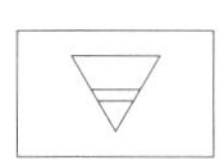 Zeile von links nach rechts absteigende Strichzahl; Wechsel der Richtung der Spitze von links nach rechts.

8. 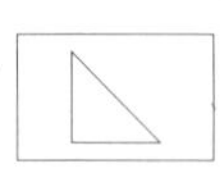 Je Zeile vom ersten zum zweiten Feld Spiegelung des Dreiecks, vom zweiten zum dritten Feld Drehung.

69. Oberbegriffe 1

1. Arm, Bein, Kopf 2. Auge, Nase, Ohr 3. Erz, Holz, Kohle 4. Brünn, Leipzig, Krakau 5. Gitter, Hecke, Zaun 6. Dollar, Euro, Rubel 7. Fußball, Handball, Radpolo 8. Barren, Reck, Ringe 9. Sandalen, Skischuhe, Stiefel 10. Kaffee, Tee, Zigarren 11. Nusstorte, Schwarzbrot, Semmeln 12. Leinen, Samt, Seide 13. Blinklicht, Hupe, Sirene 14. Bäcker, Elektroniker, Gärtner 15. Hochhaus, Fabrik, Kirche 16. Breite, Höhe, Länge 17. Kuh, Schaf, Ziege 18. Asche, Schlacke, Stroh 19. Armband, Fingerring, Halskette 20. Kasten, Tank, Topf 21. Kanal, Schiene, Straße 22. Holzbank, Sessel, Sofa 23. Kanne, Tasse, Teller 24. Fernseher, Radio, Zeitung

70. Oberbegriffe 2

1. schwerathletische Sportarten 2. alkoholische Getränke 3. Maßeinheiten 4. Lichtschutz 5. geometrische Formen 6. Verkehrsmittel 7. Orientierungshilfen 8. alkoholfreie Getränke 9. Weltreligionen 10. Linien 11. Holzblasinstrumente 12. Tasteninstrumente 13. Tänze 14. Oberbekleidung 15. Verbrauchsmittel 16. Schutzvorrichtungen 17. optische Geräte 18. Gebrauchsgüter 19. Süßigkeiten 20. Märchenfiguren 21. Wortarten 22. Krankheiten 23. slawische Sprachen 24. Wege

71. Ähnlichkeiten

1. c) „kochen" ist kein Säubern
2. d) kein Ausruhen
3. a) kein Verehren
4. d) kein Reparieren
5. a) kein Flirten
6. c) kein Jammern
7. a) kein Ärgern/Necken
8. d) kein Helfen in Not
9. b) kein Schätzen
10. a) kein Schaukeln
11. d) kein Scherzen
12. b) kein Leihen
13. c) kein Lärmen
14. b) kein Machen/Produzieren
15. b) kein Malen
16. c) kein Lösen/Befreien
17. a) kein Gehen
18. d) kein Bezeichnen
19. b) kein Anwenden
20. a) kein Dressieren
21. d) kein (Be-)lehren
22. c) kein Fließen
23. b) kein Glauben
24. d) kein Halten
25. a) kein Tadeln
26. c) kein Schwindeln
27. a) kein Essen
28. d) kein Sehen

72. Außenseiter 1

1. Bein 2. Skorpion (kein Insekt) 3. Amsterdam 4. Goethe 5. Won (keine europ. Währung) 6. Bohne 7. Eiche (kein Nadelbaum) 8. Esel (kein Tierkind) 9. Schaf (kein männl. Tier) 10. Strümpfe 11. Triangel (kein Saiteninstrument) 12. Trommel (kein Blasinstrument) 13. Kartoffel (Frucht unter der Erde) 14. Erdbeere (keine Steinfrucht) 15. Sonne 16. Schlange (kein Säugetier) 17. Asien 18. Haut 19. Löffel 20. Topf 21. Nutria (keine Hunderasse) 22. Boxen (kein Ball) 23. Deutsch (keine romanische Sprache) 24. Kreis (gekrümmte Linie) 25. Graf (keine Schachfigur) 26. Merkur (kein Sternzeichen) 27. Bräutigam 28. Pult (keine Behausung) 29. Heidelberg (liegt nicht am Rhein) 30. Tina 31. Sahne (kein Grundnahrungsmittel) 32. Wolke (kein Niederschlag) 33. Schloss (keine Kirche) 34. Siegfried (keine Gestalt der griechischen Mythologie) 35. Kilometer (kein Messgerät)

73. Außenseiter 2

1. A 2. B 3. D 4. B 5. C 6. A 7. D 8. B 9. A 10. C 11. D 12. A 13. B 14. C 15. C 16. A 17. D 18. B 19. C 20. D 21. D 22. D 23. B 24. A 25. C 26. D 27. B 28. D 29. A 30. B

74. Außenseiter 3

1. D 2. B 3. C 4. D 5. A 6. C 7. B 8. D 9. A 10. C 11. D 12. B 13. D 14. A 15. C 16. B 17. D 18. C 19. C 20. A 21. B 22. C 23. A 24. D 25. C

75. Je-desto-Sätze

1. b 2. c 3. a 4. b 5. a 6. c 7. b 8. c 9. a 10. c 11. b 12. c 13. a 14. c 15. a 16. c 17. c 18. a

76. Ursache und Wirkung

1. b 2. a 3. c 4. b 5. c 6. a 7. b 8. a 9. c 10. a 11. b 12. a 13. c 14. b 15. a 16. c 17. a 18. b 19. a 20. c 21. b 22. a 23. c 24. b 25. c

77. Mittel und Zweck

1. a 2. b 3. c 4. b 5. a 6. c 7. c 8. a 9. b 10. b 11. c 12. a 13. b 14. a 15. b 16. c 17. c 18. b 19. a 20. c 21. a 22. b 23. c 24. b

Quellenangaben

A11 Vorlage aus: Kopf fit (Apotheke), 2/2004, S. 16.
A28 frei nach: Volkmann-Leander, Richard: Träumereien an französischen Kaminen. Leipzig 1871, Nr. 7.
A29 frei nach: Droste-Hülshoff, Annette: Die Judenbuche.
A30 Text stark verändert aus: Lauster, U.: Rechtschreibespiele 3. Für das 5. und 6. Schuljahr. Ensslin & Laiblin Verlag.
A31 Fassung gekürzt und verändert aus: provo. Publik-Forum Jugendmagazin. Oberursel, Nr. 1/1994.
A32 frei nach Äsop
A34 aus: Werneck, Tom und Frank Ullmann: Konzentrations-Training, Praktische Übungen ... Seehammer Verlag GmbH, Weyarn 1996, S.120. © bei Autoren und Verlag.
A35 aus: Werneck, Tom und Frank Ullmann: Konzentrations-Training, Praktische Übungen ... Seehammer Verlag GmbH, Weyarn 1996, S.150. © bei Autoren und Verlag.
A36 aus: Ramm, Renate: Knobeleien. Heinz Vogel Verlag, Braunschweig 1983, S.28 f.
A37 aus: Landesvermessung NRW 1 Produkte 1998199. Hrsg. v. Landesvermessungsamt NRW, Bonn – SK 50 K.
A38 aus: Harenberg IQ Kalender 2001, Dortmund 2000.
A39 aus: Ott, E.: Optimales Denken. Deutsche Verlag-Anstalt, Stuttgart 1971.
A40 aus: Ott, E.: Konzentrations-Training. Lentz Verlag, München, S. 70.
A41 aus: Ott, E.: Konzentrations-Training. Lentz Verlag, München, S. 71.
A42 Schriftzeichen aus: Faulmann, Carl: Das Buch der Schrift (Reprint). Wien 1880, S.25–34, © 1985 bei GRENO Verlagsgesellschaft GmbH, D-8860 Nördlingen.
A43 Schriftzeichen aus: Faulmann, Carl: Das Buch der Schrift (Reprint). Wien 1880, S.54 ff., © 1985 bei GRENO Verlagsgesellschaft GmbH, D-8860 Nördlingen.
A45 aus: Stephan, Horst: Spielerische Sachaufgaben. 80 Arbeitsblätter für die Sekundarstufe 1 für Vertretungsstunden und andere Anlässe. Ernst Klett Verlag, Stuttgart, München, Düsseldorf, Leipzig, A79.
A46 aus: Stephan, Horst: Spielerische Sachaufgaben. 80 Arbeitsblätter für die Sekundarstufe 1 für Vertretungsstunden und andere Anlässe. Ernst Klett Verlag, Stuttgart, München, Düsseldorf, Leipzig, A189; dort aus: Stiebener, E.D. und D. Urban: Zeichen + Signets, Signs + Embleme. München 1987, S. 288 ff. Nr. 28–35
A47 aus: Modley, Rudolf: Handbook of Pictorial Symbols. Dover Publications Inc., New York 1976, S. 93 ff.
A50 aus: Heuel, Eberhard: Einfach besser konzentrieren. Weltbild Verlag GmbH, Augsburg 2000, S. 129, 149.

Literatur

Bernheim, F.: Gehirn-Jogging. München 1999
Braun, G.: Grundlagen der visuellen Kommunikation. München 1987
Das neue Intelligenz-Training. Zahlen-, Bilder- & Wörterrätsel. Wien 1999
Endres, W./Bernard, E.: Voll bei der Sache. Das Konzentrationsprogramm für Kinder. Ein Elternratgeber. München 1995
Faulmann, C.: Das Buch der Schrift (Reprint). Wien 1880
Heuel, E.: Einfach besser konzentrieren. Augsburg 2000
Hollunder, R.: Konzentrationstraining für 10- bis 13-Jährige. Neuried 1991
Hustedt, H. I Hilke, R.: Einstellungstests. Niederhausen/Ts. 1992/93
Junga, M.: Für zappelige Grundschulkinder. Konzentrationsaufbau Klasse 1–4. Bd. 1: Formen, Bilder und noch mehr. Lichtenau 2000
Kirst, W./Dickmeyer, U.: Intelligenztraining. Stuttgart 1970
Klebe, I. und J.: Die Sprache der Zeichen und Bilder. Eine populärwissenschaftliche Darstellung der optischen Aspekte der nonverbalen Kommunikation. Köln 1989
Kopf fit (Apotheke). S & D Verlag GmbH (Hrsg.), Jahrgänge 2003/2004
Krämer, S./Walter, K.D.: Konzentration und Gedächtnis. Ein Trainingsprogramm für 20 mal 30 Minuten. München 1996
Lauster, P.: Begabungstests. Reinbek bei Hamburg 1984
Lauster, U.: Rechtschreibespiele 3 für das 5. und 6. Schuljahr, Reutlingen 1977
Lauster, U.: Konzentrationsspiele 3 für die 5. und 6. Klasse. München 1994
Lehmann, J.: 2 mal 13 plus Spaß dabei. Köln 1985
Meirovitz, M./Jacobs, P.I.: Fitneßtraining für Denker. Köln 1989
Modley, R.: Handbook of Pictorial Symbols. New York o.J.
Oppolzer, U.: Verflixt, das darf ich nicht vergessen! Augsburg 1999
Ott, E.: Intelligenz macht Schule. Denkspiele zur Intelligenzförderung für 8- bis 14-Jährige. Reinbek bei Hamburg 1984
Ott, E.: Optimales Denken. Trainingsprogramm. Reinbek bei Hamburg 1973
Ott, E.: Konzentrationstraining. Leichter lernen, mehr Erfolg in der Schule. Augsburg 1999
Pöhls, V.: Denksport für Besserwisser. Lichtenau 2004
Ramm, R.: Knobeleien. Braunschweig 1983
Sanders, E.: Denktraining. Aufgaben und Lösungen. Wolfenbüttel 1986
Schiffler, H./Winkeler, R.: Tausend Jahre Schule. Eine Kulturgeschichte des Lernens in Bildern. Stuttgart, Zürich 1985
Simon, M.: Pocket Quiz. Gedächtnistraining. 50 Konzentrationsübungen. Moses Verlag 2001
Stephan, H.: Denk- und Konzentrationsaufgaben. 76 Arbeitsblätter für die Sekundarstufe I mit spielerischen Aufgaben für Vertretungsstunden und andere Anlässe. Stuttgart – Düsseldorf – Leipzig 1999
Stephan, H.: Konzentrationsübungen 3./4. Schuljahr. 76 Arbeitsblätter mit Sprach-, Seh- und Denkübungen. Stuttgart – Düsseldorf – Leipzig 2002
Stephan, H.: Mehr Vertretungsstunden. 64 Arbeitsblätter für die Sekundarstufe 1 für Vertretungsstunden und andere Anlässe. Stuttgart 1999
Stephan, H.: Spielerische Sachaufgaben. 80 Arbeitsblätter für die Sekundarstufe I für Vertretungsstunden und andere Anlässe. Stuttgart – München – Düsseldorf – Leipzig 1997
Stephan, H.: Konzentrationsübungen 5./6. Schuljahr. 78 Arbeitsblätter mit Denk-, Sprach-, Seh- und Zählübungen. Leipzig – Stuttgart – Düsseldorf 2004
Stiebener, E. D./Urban, D.: Zeichen + Signets, Signs + Embleme. München 1987
Stiefenhofer, M.: Knobelkiste. Harte Nüsse für schlaue Köpfe, Augsburg 1999
Superschlaue Kinder durch IQ-Training. Wien 2000
Thieme, A.: Konzentration – Trainingsprogramm. 6.–9. Klasse. Weinheim, Basel 1998
Thieme, A.: Konzentration. Ein Ding der Unmöglichkeit? In: Schulmagazin 5–10, Heft 12/2000
Titze, Ch.: Keine Angst vor Einstellungstests. Niedernhausen/Ts. 1986
Vollmer, G./Hoberg. G.: Top-Training. Lernen – Behalten – Anwenden. Stuttgart 1994
Werneck, T./Ullmann, F.: Konzentrationstraining. Praktische Übungen. Weyarn 1996